COCINA ANDALUZA

ANA MARIA CALERA

COCINA ANDALUZA

EDITORIAL EVEREST, S. A.
MADRID • LEON • BARCELONA • SEVILLA • GRANADA • VALENCIA
ZARAGOZA • LAS PALMAS DE GRAN CANARIA • LA CORUÑA
PALMA DE MALLORCA • ALICANTE – MEXICO • BUENOS AIRES

SÉPTIMA EDICIÓN

EDITORIAL EVEREST, S. A.
Carretera León-La Coruña, km 5 - LEÓN
ISBN: 84-241-2212-7
Depósito legal: LE. 22-1992
Printed in Spain - Impreso en España

EDITORIAL EVERGRÁFICAS, S. A.
Carretera León-La Coruña, km 5
LEÓN (España)

ÍNDICE

INTRODUCCIÓN

La Cocina Andaluza, de colorido múltiple y sabor excelente, es más extensa de lo que, generalmente, se cree.

Tiene una personalidad característica que la define, aunque no podemos olvidar, tampoco, su vecindad con otras provincias que, al igual que ocurre con las fronteras, influye mucho en los gustos y costumbres y también une los sabores de un lado con los de otro. Esto ocurre también en el idioma, y hasta en las costumbres o peculiaridades del vivir cotidiano. Lo cual no impide el que existan verdaderos platos típicos de cada región o comarca.

El clima, la tierra, los cultivos, las costumbres que, en algunos casos, dejaron otros pueblos, han pasado a la Cocina Regional. España ofrece un mosaico muy especial, muy definido, lleno de sabores que tienen «garra». Y si no que lo digan los miles de turistas que se pasean por nuestra Península.

Andalucía nos ha dado un plato conocido universalmente: el Gazpacho.

Esta sopa fría tiene como base de su preparación el pan, el rico pan andaluz que parece hecho expreso para realizar el gazpacho.

Don Gregorio Marañón dijo sobre el gazpacho:

«El gazpacho, sapientísima combinación empírica de todos los simples fundamentales para una buena nutrición que, muchos siglos después, nos revelaría la ciencia de las vitaminas, es muy alimenticio. La vanidad de la mente humana venía considerando el gazpacho como una especie de refresco para pobres, más o menos grato al paladar, pero desprovisto de propiedades alimenticias. La gentes doctas de hace unos decenios maravillábanse de que con un plato tan liviano pudieran los segadores afanarse durante tantas horas de trabajo al sol canicular.

Ignoraban que el instinto popular se había adelantado en muchas centurias a los profesores de dietética y que, exactamente, esa emulsión de aceite en agua fría, con el aditamento de vinagre y sal, pimentón, tomate majado, pan y otros ingredientes, contiene todo lo preciso para sostener a los trabajadores entregados a las más duras labores. Con el vino, que casi nunca falta, su eficacia se acentúa, y si pudiera añadírsele un buen trozo de carne pondría el gazpacho como alimento muy próximo a la perfección. En la misma Andalucía hay numerosas variedades de gazpacho: el de Sevilla difiere del de Cádiz, del Cordobés o del Granadino, que aun dentro de cada región o ciudad pueden gustarse gazpachos diversos, a veces sólo diferenciables por un leve matiz, que el buen catador los conoce y diagnostica sin vacilar.»

En Cádiz se hace un gazpacho muy pálido, casi blanco, con alto grado de acidez (vinagre) que se sirve muy frío (helado la mayoría de las veces) y como contraste a este delicioso gazpacho se le echan pedacitos pequeños de manzana.

Así el andaluz bebe y come, no sólo el gazpacho en sus múltiples versiones, sino también el «Cocido Andaluz»; «Las Ensaladas» (en sus diferentes formas); «Los huevos a la Flamenca»; «Las Tortillas»; «Los Camarones»; los platos de pescado que son infinitos; la «Silla de ternera a la Andaluza»; el «Solomillo a la Malagueña»...

Con el sobrenombre o apellido de ... «a la andaluza» hallamos infinidad de platos en los que destacan: «Salsa andaluza»; «Caracoles a la andaluza»; «Tortilla a la andaluza». La guarnición «a la andaluza» lleva, generalmente, tomate y pimientos frescos, es la nota que la caracteriza.

La proyección de la Cocina Andaluza al continente europeo ha sido de una efectividad sorprendente, afirmación que viene atestiguada por las numerosas menciones que de ella incluyen los más conocidos recetarios extranjeros en los que la terminología de «a la andaluza» aparece con frecuente continuidad. Por otra parte, debemos reconocer que la introducción primero, y su divulgación después, de platos andaluces en Francia se debe a Eugenia de Montijo, que fue esposa de Napoleón III, que desde el trono imperial de la vecina nación internacionalizó la cocina de su tierra.

La Cocina Andaluza reposa sobre las sólidas bases del aceite, el tomate y el ajo que, sin ser una exclusiva regional, la matizan y personalizan.

Están además los exquisitos postres, entre los que destacan «los polvorones», o los ricos «pestiños» junto a otros que nos recuerdan mucho a los de los árabes. Sin duda que la repostería andaluza está pletórica, tanto en sus versiones industriales como caseras, de sabores dulces y atrayentes.

Las monjitas de San Leandro dieron de antiguo con una prodigiosa receta de yemas. Estas «Yemas de San Leandro», conocidas por los extranjeros que desde antiguo iban a Sevilla en ferias y Semana Santa, extendieron su fama por el mundo. De la amplia gama dulce podríamos señalar otros gustosos postres monjiles, aunque ninguno alcanzó tanta fama ni vivió en tan gran misterio como las «Yemas de San Leandro».

Al pasar por la estación férrea de Utrera se ofrecen al viajero «mostachones», que son cosa rica y están muy a punto para acompañar a un buen chocolate.

Podríamos destacar, a vuela pluma, algunos de los muchos, y buenos, vinos andaluces:

Moriles (Córdoba), Montilla (Córdoba), Jerez (Cádiz), Lucena (Córdoba), Málaga (Málaga), Del Condado (Huelva), Sanlúcar (Cádiz), Puerto de Santa María (Cádiz), Chiclana (Cádiz), etc., etc.

Así pues, la alegre y apetitosa Cocina Andaluza nos ofrece, a través de las páginas de esta obra, la oportunidad de conocer, si no se las conoce, las bondades de una Cocina Regional tan peculiar como la andaluza que bien vale la pena considerar y saborear, con la sonrisa en los labios y un «cante» en el corazón.

ANA-MARÍA CALERA
Primera Dama Gourmet
del Club de la Buena Mesa de Barcelona

Capítulo I

SALSAS

1. Salsa andaluza 1.ª forma
2. Salsa andaluza 2.ª forma
3. Salsa de aceitunas
4. Salsa de cocido a la andaluza
5. Salsa de patatas
6. Salsa Saavedra
7. Ajiaceite o Ajoaceite

1. Salsa andaluza 1.ª forma

Ingredientes para 4 personas:

1/4 kilo de calabaza
1 tomate grande
2 granos de pimienta
1 diente de ajo
3 cucharadas soperas llenas de vinagre
Sal
Agua.

Cortaremos la calabaza a trozos y la coceremos en un poco de agua hirviendo; ya cocida, la separaremos a un plato. Machacaremos en el mortero el diente de ajo y los granos de pimienta, le agregaremos el tomate asado y sin piel, y la calabaza escurrida. Machacaremos todo de nuevo, terminando por poner las cucharadas de vinagre y un poco de sal.

Puesta en una salsera la serviremos a la mesa.

2. Salsa andaluza 2.ª forma

Ingredientes para 4 personas:

4 cucharadas soperas llenas de aceite de oliva de buena calidad
1 cucharada sopera llena de puré de tomate
1 pimiento rojo de lata
Perejil fresco
1 cucharada sopera llena de vinagre
Un poco de pimienta blanca en polvo
Sal.

Con el aceite, la yema del huevo, el vinagre, sal y pimienta haremos una salsa, especie de mahonesa, pero más fuerte de sabor. Cuando esté terminada de confeccionar le adicionaremos el puré de tomate, perejil fresco muy picado y el pimiento rojo, también troceado menudamente. Tiene infinidad de aplicaciones como salsa fría.

3. Salsa de aceitunas

Ingredientes para 4 personas:

50 gramos de mantequilla
2 cucharadas soperas llenas de cebolla picada
1 cucharada sopera llena de harina
1/2 vaso de agua de caldo de carne [1]
1/2 vasito de vino de jerez
1/4 kilo de aceitunas
Sal
Pimienta blanca en polvo
Nuez moscada
Perejil fresco.

Echaremos en una cazuela, al fuego, la mitad de la mantequilla y la cebolla picada, dejándolo hacer un poco le agregaremos la harina y cuando esté dorada incorporaremos el caldo, sal, un poco de pimienta y unas ralladuras de nuez moscada, que dé unos ligeros hervores. Añadiremos unas ramitas de perejil picado, el jerez y las aceitunas deshuesadas. Cocerá unos tres minutos. La apartaremos del fuego y le echaremos la otra mitad de la mantequilla. Esta salsa se sirve muy caliente.

---

[1] El caldo puede ser de cubitos.

4. Salsa de cocido a la andaluza

Ingredientes para 4 personas:

2 cucharadas soperas llenas de aceite
1/2 cebolla picada
1/2 zanaoria picada
1/2 hoja de laurel
La pulpa de 2 tomates frescos pelados
Sal
Agua o caldo (como 1 taza de desayuno)
2 cucharadas soperas llenas de harina.

Echaremos el aceite en una sartén, al fuego y freiremos en ella la cebolla, así que tome color incorporaremos la zanahoria, el laurel, la harina y cuando veamos ésta de un tono tostado echaremos el agua o el caldo y la pulpa fresca de los tomates. Que se haga unos minutos. Probar de sal y acaso haya que echar un poco de azúcar para matar la acidez del tomate.

Pasarla por el prensa-purés o chino, presentándola a la mesa, caliente, en una salsera.

5. Salsa de patatas

Ingredientes para 4 personas:

1/4 kilo de patatas
2 pimientos frescos o de lata
1 hoja de laurel
300 gramos de tomate fresco
4 cominos
4 cucharadas soperas llenas de aceite
Sal
Agua.

Pelaremos las patatas y las partiremos en rodajas, friéndolas en una sartén al fuego con el aceite y añadiéndoles, a continuación, los pimientos bien picados y el tomate pelado y limpio. Lo freiremos bien todo ello agregándole la sal necesaria, los cominos, el laurel y un tazón de agua, dejándolo hervir unos 5 minutos. Hay que pasar la salsa por un pasador muy fino; poniéndola de nuevo en el fuego durante 2 minutos a la vez que vamos espumando.

Esta salsa, típica de la zona andaluza de Sierra Morena, va muy bien con platos de pescado.

6. Salsa Saavedra

Ingredientes para 4 personas:

100 gramos de mantequilla
3 cucharadas soperas llenas de mostaza al estragón
1 lata pequeña de foie-gras (50 grs.)
1 vaso de agua lleno de leche
Sal
Pimienta blanca en polvo.

Echaremos la mantequilla en un recipiente hondo y le agregaremos la mostaza y el foie-gras. Batiéndolo con mano eléctrica. Le agregaremos la leche, poniendo el recipiente sobre el fuego a que cueza lentamente. Adicionaremos sal y pimienta.

Esta salsa tanto puede utilizarse caliente como fría, según nos convenga.

7. Ajiaceite o ajoaceite

Ingredientes para 4 personas:

3 dientes de ajo
2 patatas medianas cocidas y peladas
2 yemas de huevo
1/4 de litro de aceite o acaso más.

Machacaremos los ajos pelados con un poco de sal y las patatas cocidas. Añadiremos las yemas, y mezclaremos bien con la patata, y sin dejar de darle vueltas con la mano del mortero siempre en el mismo sentido le echaremos aceite crudo hasta que se queda hecho una pasta dura.

Este ajiaceite se hace así para incorporarlo a diversos guisos. Cuando lo preparemos para tomarlo directamente puede suprimirse, si se quiere, la patata.

Capítulo II

CALDOS, SOPAS, COCIDOS Y POTAJES

8. Caldo al jerez

Ingredientes para 4 personas:

500 gramos de carne de vaca
Menudillos de pollo (cuello, patas, mollejas)
1 hueso de tuétano
1 zanahoria
1 nabo
1 chirivía
Un trozo de apio
1/2 patata
2 litros de agua
2 vasitos de vino llenos de buen jerez
Sal
1/2 cucharilla de azúcar.

Pondremos, en un puchero al fuego, el agua y echaremos en él la carne, los menudos de pollo (bien limpios), el hueso, la zanahoria, nabo, chirivía y patata pelados y enteros y el trozo de apio, así como la sal. Tapado el puchero cocerá, lentamente, pero sin parar hasta que todo esté hecho.

Colaremos el caldo (carne, menudillos y verduras pueden servir para otra preparación). Quemaremos el azúcar y, caliente, lo echaremos en el caldo para que éste tenga ese color tostado característico.

En el momento de servir el caldo echar, en cada tazón, un poco de jerez. Puede añadirse además una yema de huevo crudo.

9. Caldo de perro gaditano

Ingredientes para 4 personas:

1 pescada (o pescadilla) de un peso aproximado a 750 gramos
4 cucharadas soperas llenas de aceite
2 naranjas ácidas
1 cebolla
2 dientes de ajo
1 litro de agua
Sal.

Que la pescadilla sea fresquísima; la limpiaremos y cortaremos en rodajas sazonándolas con sal y dejándola durante una hora en un plato.

En una cazuela al fuego pondremos a calentar el aceite y echaremos en ella los ajos que retiraremos una vez dorados, agregando entonces la cebolla pelada y picada finamente, antes de que empiece a dorarse, añadiremos medio litro de agua hirviendo y pasados 10 minutos el otro medio litro de agua y las rodajas de pescadilla. Lo dejaremos cocer durante 15 minutos apartándolo del fuego.

Fuera del calor agregaremos el zumo de las naranjas, colado, y lo serviremos muy caliente (hay quien le añade rebanadas de pan blanco).

Este plato es clásico en Cádiz, sirviéndose en todos los merenderos y tabernas del puerto.

10. Caldo con pimientos de Almería

Ingredientes para 4 personas:

2 pimientos frescos gordos rojos o verdes

Pondremos el agua en una olla y cuando esté muy caliente le añadiremos las patatas peladas y cortadas a trozos regulares, el pescado limpio de espinas y sal. Machacaremos en el

1/4 kilo de patatas
2 dientes de ajo
1 tomate rojo
1/4 kilo de mero
Un poco de azafrán
1/2 cucharada sopera de pimentón rojo dulce
Unos cominos
1 vaso de agua de caldo de carne[1]
6 cucharadas soperas de aceite
Sal
1 1/2 litros de agua.

mortero los cominos con el caldo, los ajos, el azafrán y tres o cuatro trozos de la patatas que estamos cociendo, el pimentón y el tomate pelado y sin semillas. Lo trituraremos bien echándole las seis cucharadas de aceite; echaremos todo sobre las patatas y el pescado. Asaremos los pimientos en el horno para pelarlos bien, partiéndolos en tiras y quitándoles las semillas, los incorporaremos a su vez a la olla dejando cocer ésta hasta que las patatas estén en su punto. Colaremos el caldo obtenido sirviéndolo en taza. El pescado puede aprovecharse para otro plato.

[1] Puede ser de cubitos.

11. Sopa de Cádiz

Ingredientes para 4 personas:

1 litro de caldo[1]
50 gramos de jamón
2 dientes de ajo
1 copita de licor llena de jerez seco
2 huevos duros y 1 yema cruda
Perejil fresco
60 gramos de pan
3 cucharadas soperas de aceite

Partiremos el pan y el jamón en dados y los freiremos colocándolos después de fritos en una sopera, junto con los huevos duros pelados y partidos en rodajas, y los ajos fritos también en aceite.

Mezclaremos la yema de huevo cruda con un poco del caldo y el jerez y lo añadiremos al litro de caldo, que estará caliente. Poniéndolo todo en la sopera, con los otros ingredientes, y serviremos la sopa muy caliente.

[1] Puede ser de cubitos, aunque quedará mejor la receta si es del puchero o del cocido.

12. Sopa de gato de Cádiz

Ingredientes para 4 personas:

Pan de sopa del país (unos 200 gramos)
4 cucharadas soperas llenas de aceite
3 dientes de ajo
Sal
Agua.

Cortaremos el pan (si no lo está) como para sopas poniéndolo en una cazuela (mejor si es de barro). Freiremos los ajos enteros en una sartén con el aceite y les añadiremos un poco de agua y sal. Verteremos esto sobre las sopas que quedarán bien empapadas y meteremos la cazuela al horno hasta que veamos la superficie perfectamente tostada.

13. Sopas de ajo andaluzas

Ingredientes para 4 personas:

8 rebanadas, más bien grandes, de pan tostado
8 dientes de ajo
6 cucharadas de aceite de oliva
6 cominos
4 huevos
1 cucharada sopera llena de pimentón encarnado dulce
1 coliflor pequeña o 1 bróculi
Sal
4 lonchas de jamón fritas en un poco de aceite
Agua.

Pelados los ajos los freiremos en el aceite, puestos en una sartén al fuego y luego le agregaremos el pimentón.

Coceremos la coliflor o el bróculi en un litro de agua con sal y cuando esté cocido lo colaremos. Este caldo lo echaremos a la sartén de ajos-pimentón, así como los cominos y el pan tostado, dejándolo cocer unos 25 minutos, pasados los cuales retiramos los ajos y le mezclaremos los huevos batidos.

Echaremos las sopas en la sopera y la presentaremos a la mesa, colocando en cada plato una de las lonchas de jamón, y echando sobre ellas la sopa muy caliente.

14. Sopa de pescado

Ingredientes para 4 personas:

1/4 kilo de gambas
1/4 kilo de almejas
1/2 kilo de merluza, rape o mero
1 zanahoria
2 cucharadas soperas llenas de puré de tomate
1 cucharada sopera llena de harina
1/2 copa de licor de coñac
2 dientes de ajo
100 gramos de pan
1 cebolla pequeña
Sal
Un poco de azafrán
6 cucharadas soperas llenas de aceite
1 puerro
1 vasito de vino blanco
1 1/2 litros de agua.

En una cazuela de barro, al fuego, echaremos el aceite y le añadiremos el puerro muy picado, que se rehogará junto con la zanahoria igualmente picada, así como la cebolla. Dejar pasar a fuego muy lento. Una vez hecho y sin llegar a dorarse del todo le echaremos la harina y 2 minutos después le añadiremos el tomate y el pescado, partido en trozos y las almejas, que después de bien lavadas se habrán puesto al vapor para abrirlas (reservando el caldo que han soltado). A estas almejas, ya preparadas, les quitaremos las cáscaras echándolas a su vez y como decíamos a la cazuela junto con las gambas peladas, el vino blanco y el coñac, dejándolo cocer 5 minutos, pasados los cuales le echaremos litro y medio de agua hirviendo, un poco de sal y los ajos machacados en el mortero con un poco de caldo y el azafrán, dejándolo cocer un cuarto de hora, y echando, por último, y en el momento de servir la sopa unos trozos de pan tostados en el horno. Esta sopa la serviremos en la misma cazuela de cocción y muy caliente.

15. Sopa de pescado malagueña

Ingredientes para 4 personas:
1/2 cebolla
1/4 kilo de tomate fresco
1 pimiento fresco
300 gramos de chirlas
1 cucharada sopera de pimentón rojo dulce
1/4 kilo de camarones
2 patatas
50 gramos de fideos finos
Unas hebras de azafrán
Perejil fresco
Sal
1 1/4 litros de agua
Pimienta blanca en polvo.

Pondremos en un puchero hondo el aceite, donde freiremos la cebolla finamente picada; antes de que se dore le echaremos el pimentón y le añadiremos los tomates pelados y limpios cortados en trozos, así como el pimiento limpio y cortado menudamente. Lo dejaremos pasar despacio y mientras tanto abriremos al vapor las chirlas, ya bien limpias y lavadas en diferentes aguas; el caldo resultante de abrirlas lo pondremos en el sofrito con un litro o algo más de agua y le echaremos sal, pimienta, azafrán, un poco de perejil picado, así como los camarones pelados en crudo y las chirlas, sin su cáscara. Las patatas las pelaremos y trocearemos en pequeños pedazos adicionándolas al puchero; ya cocidas las patatas añadiremos los fideos, para que cuezan 5 minutos. Presentar la sopa en una sopera. Este mismo plato, con más patatas, es un buen cocido.

16. Sopa de macarrones y carne estofada

Ingredientes para 4 personas:
800 gramos de carne de vaca en un solo trozo
3 dientes de ajo
2 granos de pimienta negra
1 vaso de vino lleno de vino tinto
1 hoja de laurel
3 cebollas grandes
75 gramos de manteca de cerdo
2 clavillos
2 cucharadas soperas de harina
Agua

Ingredientes para la sopa:
300 gramos de macarrones gruesos
25 gramos de queso rallado

Limpiaremos el trozo de carne de pellejos y lo pondremos a rehogar con la manteca de cerdo y las cebollas cortadas finas, en una cazuela, al fuego.

Cuando ambas cosas estén doradas añadiremos los dientes de ajo pelados y enteros, los granos de pimienta, los clavillos, la hoja de laurel y el vino tinto. Echaremos un poco de sal, y taparemos la cazuela dejándola cocer, a fuego moderado, hasta que la carne esté tierna.

En una sartén pequeña bien seca puesta al fuego tostaremos las dos cucharadas de harina, que desleiremos después con un poco de agua agregando esto a la carne.

Cuando veamos tierna la carne la retiraremos, dejándola enfriar y pasando su salsa por un colador.

Coceremos los macarrones con agua y sal en un puchero al fuego.

Cuando estén cocidos añadiremos la salsa de la carne. Al servir la sopa, adicionaremos el queso rallado y la carne cortada a trozos.

17. Sopa de almendras

Ingredientes para 4 personas:

100 gramos de almendras sin tostar
Unos granos de pimienta
Unos cominos
Un poco de azafrán
Unas ramas de perejil fresco
ajo
4 rebanadas de pan para hacer la sopa
6 cucharadas soperas de aceite
Sal

Pondremos una sartén con aceite al fuego. Cuando esté caliente, freiremos las almendras, picando el perejil y el ajo, así como las rebanadas de pan. El pan una vez frito se separa y reserva. Todo el resto bien dorado lo echaremos al mortero.

Majaremos estos ingredientes fritos junto con el azafrán, los cominos y la pimienta, desliéndolo con un poco de agua y echándolo en una cazuela. Sazonaremos con sal haciéndolo a fuego lento.

Cuando hierva lo dejaremos cocer 5 minutos y le añadiremos el pan hecho rebanadas muy finas. Tapar y que repose 5 minutos antes de servirlo a la mesa.

18. Sopa a la reina andaluza

Ingredientes para 4 personas:

1 pimiento fresco
3 tomates frescos
3 cebollas
1 ramita de apio
Un poco de tomillo
2 litros de caldo[1]
2 cucharadas soperas de harina
4 cucharadas soperas de aceite
Sal

En una cazuela al fuego y con la mitad del aceite rehogaremos las cebollas peladas y picadas y el tomate pelado y limpio y bien cortado, así como el apio, tomillo y sal. Ya bien rehogado le añadiremos el caldo, dejándolo cocer unas 2 horas, para pasarlo luego por un tamiz.

En una sartén con el resto del aceite, y puesta al fuego, rehogaremos la harina incorporándola a la cazuela y mezclándolo todo bien. Serviremos esta sopa con el pimiento asado, pelado y partido en trozos a modo de cuadritos.

---
[1] Puede ser de cubitos.

19. Sopa a la marinera

Ingredientes para 4 personas:

800 gramos de pescado variado (breca, dorada y lisa de mar)
1/2 kilo de cebolla
2 huevos duros
100 gramos de pan cortado en rebanadas finas

Limpiaremos los pescados bien y los haremos cocer en un puchero, muy cubiertos de agua fría.

Cuando hayan cocido 5 minutos lo retiraremos quitándole las espinas al pescado y colando el caldo (que guardaremos).

En una sartén al fuego con el aceite, caliente, freiremos a fuego lento, la cebolla picada, el ajo y el perejil (todo muy picadito).

10 cucharadas soperas de aceite
Ramas de perejil fresco
1 1/2 litros de agua
Sal
Pimienta blanca en polvo
1 diente de ajo

Así que empiece a dorarse la cebolla echaremos todo al puchero, y le agregaremos el pescado desmenuzado y el caldo de cocerlo completando con agua hasta el litro y medio, echaremos sal y un poco de pimienta, así como el pan cortado en rebanadas finas. Taparemos el puchero y lo dejaremos hervir muy despacio, unos 15/20 minutos.

Guarneceremos la sopa con los huevos pelados y cortados en rodajas sirviéndola muy caliente.

Esta sopa, si se hace en la cazuela de barro, puede presentarse a la mesa en la misma cazuela.

20. Sopa a la malagueña

Ingredientes para 4 personas:
250 gramos de chirlas
1 cebolla
1 tomate fresco
1 huevo
150 gramos de pan seco
1/2 litro de aceite
1 hoja de laurel
1/2 cucharilla de café de pimentón rojo dulce
1 diente de ajo
Sal
1 1/2 litros de agua.

Lavaremos bien las chirlas y las abriremos en una cazuela al fuego con un poco de agua. Suprimiremos una de sus conchas y dejaremos «el bicho» en la otra. En una sartén al fuego y con un poco de aceite freiremos la cebolla y el tomate (ambos pelados y picados), y echaremos la hoja de laurel. Apartado el sofrito del fuego adicionaremos el pimentón y un poco de sal. Pondremos un puchero al fuego con agua, sal, el pan y las chirlas, añadiendo, bien colada, el agua que habrán soltado éstas al abrirse. Pasaremos el sofrito. Prepararemos una semimahonesa, machacando el ajo en el mortero y desliendo el huevo con la mano de mortero, añadiéndole, poquito a poco, aceite, para que ligue y espese. Batiremos la sopa con batidora manual. Retirada del fuego en el momento de ir a servirla, le incorporaremos la semimahonesa, removiendo bien para que se mezcle sin que cuaje. Es una sopa muy sabrosa.

21. Sopa granadina

Ingredientes para 4 personas:
2 cebollas
2 pimientos frescos
Pan

En una sartén grande al fuego freiremos las cebollas peladas y cortadas, los tomates pelados y limpios y los pimientos, también muy picados. Todo ello lo freiremos bien, deshaciéndolo con el tenedor, pues tiene que quedar como salsa, le

Sal
3 dientes de ajo
3 granitos de pimienta
4 cucharadas soperas de aceite
Unas hebras de azafrán
1 1/2 litros de agua.

echaremos sal y lo pondremos en una olla donde estará el litro y medio de agua con la pimienta y el azafrán. Finalmente le añadiremos los dientes de ajo asados y unas sopas hechas con el pan. Que cueza unos 10 minutos más y la serviremos muy caliente.

22. Sopas doradas

Ingredientes para 4 personas:

1 1/2 litros de caldo del puchero hecho con gallina
1 menudillo de gallina
100 gramos de pan cortado en rebanadas
Unas hebras de azafrán
3 huevos duros
2 cucharadas soperas de manteca de cerdo
Perejil fresco
Un poco de hierbabuena
Sal.

Pondremos en una cazuela, al fuego, el pan en rebanadas finas, agregaremos el ajo muy picado, perejil y una hoja de hierbabuena, los menudillos de la gallina picados muy menudos y salteados con un poco de la manteca, el azafrán y el resto de la manteca. Cubriremos todo con el caldo del puchero, y colocaremos encima los huevos duros, pelados y cortados en rodajas. Cocerá todo sobre el fuego lentamente, unos 20 minutos.

Serviremos la sopa en la misma cazuela sin tocar ni remover su contenido.

23. Pescado en blanco
(Sopa típica en todo el litoral)

Ingredientes para 4 personas:

3/4 de kilo de brecas, jureles o pescadillas
1 litro de agua
4 cucharadas soperas de aceite
Sal
Pimienta blanca en polvo
1 limón
100 gramos de rebanadas de pan blanco
2 dientes de ajo

Quitaremos la cabeza y limpiaremos el pescado, colocándolo en una cazuela al fuego, llena con el agua y sal, pimienta, los ajos y perejil picado y el aceite crudo. Cuando rompa a hervir lo dejaremos cocer tres o cuatro minutos, añadiéndole el zumo del limón colado y las rebanadas de pan. Taparemos la cazuela y que se esponje el pan; cuando veamos el pan en su punto puede servirse.

24. Cocido andaluz

Ingredientes para 4 personas:

400 gramos de garbanzos
1/4 kilo de carne de morcillo de

Los garbanzos estarán remojados desde la víspera. Bien escurridos los pondremos en un puchero, al fuego, con medio litro de agua, la carne de morcillo, el tocino fresco o rancio y

buey
150 gramos de tocino fresco o rancio
1 hueso de jamón
2 tomates frescos
Sal
Agua
200 gramos de judías verdes
1 calabacín mediano
1/4 kilo de calabaza
100 gramos de longaniza
2 patatas
1 cucharada sopera de pimentón encarnado (dulce o picante, según agrade).

el hueso de jamón. Todo ello hervirá, un par de horas, lentamente, pero sin cesar. Pasado el tiempo citado le echaremos sal, los tomates pelados y picados, las judías verdes peladas y picadas, el calabacín sin pelar, y cortado a trozos, así como la calabaza pelada y cortada a pedazos, la longaniza en un solo trozo, las patatas peladas y partidas a trozos irregulares y el pimentón. Que cueza otras dos horas, también poco a poco, hasta que todo esté tierno.

Este cocido andaluz se diferencia de otros en que no se saca caldo para la sopa. Debe quedar poco jugo y espeso, y si no lo está bastante, machacaremos en el mortero una patata de las que ya estén cocidas, junto con un poco de calabaza, disolviéndolas en un poco del caldo y agregándolas al puchero.

Existen también otras variaciones, así en el cocido que se hace en Sevilla, sirven la carne frita con huevos batidos.

En otras ciudades andaluzas acompañan al cocido abundantes patatas fritas, y en algunos sitios, también con pimientos fritos.

25. Cocido gaditano

Ingredientes para 4 personas:

400 gramos de garbanzos
3/4 kilo de habichuelas verdes
1 tomate fresco
1/4 kilo de magro de cerdo
1 cucharada sopera de pimentón rojo dulce
1/2 cebolla
1 chorizo
1 trozo de ubre de vaca
500 gramos de calabaza
3/4 kilo de patatas frescas
1 diente de ajo
1 cucharada sopera de manteca de cerdo
1 pimiento fresco verde
1/4 kilo de carne de vaca
Sal

En una olla grande al fuego echaremos un litro de agua y cuando rompa a hervir añadiremos los garbanzos puestos a remojo desde la víspera; al poco rato agregaremos las dos clases de carne, la manteca, el tocino, la cebolla, el pimiento, el tomate, la ubre de vaca, sal y el ajo machacado.

Cuando haya cocido el conjunto unos 10 minutos adicionaremos las habichuelas (previamente limpias y cortadas los cantos con un cuchillo fino) y el pimentón rojo.

Lo dejaremos cocer despacio, y cuando los garbanzos empiecen a estar tiernos, agregaremos la calabaza pelada y cortada en trozos, el chorizo y las patatas peladas y cortadas, sazonando con sal y pimienta. Que cueza, despacio, hasta que el caldo esté muy reducido y veamos tierno lo demás.

Salsa para acompañar al cocido: Asaremos un tomate y le quitaremos la piel y pepitas.

En el mortero machacaremos un diente de ajo, unos co-

Pimienta blanca en polvo
Tocino
Agua.

minos y dos granos de pimienta, agregándole dos o tres trozos de calabaza cocida, el tomate asado y una cucharadita de vinagre. Revolveremos todo y lo pondremos en una salsera, agregándole un poco de cebolla cruda picada muy fina.

26. Cocido de habichuelas verdes

Ingredientes para 4 personas:
800 gramos de habichuelas verdes
1 morcilla
100 gramos de codillo de jamón
400 gramos de garbanzos
100 gramos de tocino fresco
250 gramos de carne de cocido que sea de cerdo
2 patatas
1 hueso blanco
1 cucharada sopera llena de pimentón rojo dulce
200 gramos de calabaza
Un poco de azafrán majado al mortero
Agua
Sal.

Los garbanzos estarán remojados. Prepararemos un puchero, lleno de agua, con todos los ingredientes expuestos, menos las habichuelas, patatas, calabaza, pimentón y azafrán, y ponerlo sobre el fuego que hierva lentamente, pero sin parar.

A mitad cocción incorporar el pimentón, las patatas mondadas y cortadas a trozos, la calabaza pelada y cortada en pedazos y el azafrán. Que siga su cocción. Limpiar y cortar las habichuelas y cocer en agua y sal. Servir todo unido: lo del puchero y las habichuelas, escurridas del agua de su cocción.

Hay quien hace una sopa con el caldo y presenta el resto, junto, en una fuente con la carne, morcilla, codillo, etc., cortado en trozos.

27. Cocido de cardo

Ingredientes para 4 personas:
1 cardo
400 gramos de garbanzos
250 gramos de carne de cocido
1 morcilla
2 chorizos
100 gramos de tocino
150 gramos de costilla de cerdo en un solo trozo
1 hueso de tuétano
Unas hebras de azafrán
Agua
Sal
150 gramos de codillo de cerdo
1 limón
2 patatas

Ya remojados los garbanzos los pondremos a hervir en un puchero, al fuego, con un litro y medio de agua. Cuando rompan a cocer añadiremos la carne, tocino, costilla, codillo y hueso, así como un poco de sal.

Que hierva, poco a poco, una hora y cuarto.

Limpiaremos bien el cardo y lo frotaremos con el limón, cortado en dos, partiendo el cardo a cuadros, que echaremos a los garbanzos, procurando que éstos no dejen de hervir. Pasados 15 minutos pelaremos y partiremos las patatas adicionándolas, a su vez, al puchero junto con la morcilla, los chorizos y el azafrán (majado en el mortero).

Servir todo junto, en una fuente honda, trinchando carne, morcilla y chorizo por encima.

28. Cocido de col

Ingredientes para 4 personas:
2 coles pequeñas verdes
400 gramos de garbanzos
150 gramos de codillo
1 morcilla
100 gramos de tocino rancio
250 gramos de carne de cocido
150 gramos de costilla de cerdo fresca
1 hueso blanco de cerdo
Agua
Sal
2 patatas
100 gramos de chorizo.

Los garbanzos estarán remojados. Los haremos hervir, en un puchero al fuego, bien cubiertos de agua y añadiéndoles la carne, tocino, hueso, codillo y costilla. Que cueza lentamente.

Picaremos las coles y las lavaremos, incorporándolas al puchero unos 15 minutos antes de dar por terminada su cocción, junto con las patatas (peladas y cortadas a trozos), el chorizo y la morcilla. Probar de sal y terminar su cocción.

Verteremos el cocido en una fuente muy honda presentándolo con toda la carne, chorizo y morcillas picados a trozos por encima.

29. Cocido de arroz

Ingredientes para 4 personas:
400 gramos de garbanzos
1 1/2 litros de agua
300 gramos de carne de cerdo
50 gramos de tocino
2 chorizos pequeños
100 gramos de costilla de cerdo en un solo trozo
150 gramos de codillo de cerdo
100 gramos de arroz
1 hueso de la rodilla de vaca o ternera
2 patatas
Sal.

Ya remojados los garbanzos desde la noche anterior, los echamos en un puchero, puesto al fuego, con el agua caliente; así que rompa a hervir le añadiremos la carne, tocino, codillo, costilla, hueso y sal. Deberá cocer, sin parar, unas 2 horas o más, pasadas las cuales y cuando veamos el caldo blanco, echaremos las patatas peladas, cortadas y el chorizo. A los 5 minutos incorporaremos el arroz. Una vez cocido el arroz ya estará el cocido para servirse.

Se vuelca todo en una fuente honda con su caldo y la carne, tocino, costilla y chorizo cortado a rodajas y dispuesto sobre él.

30. Potaje andaluz

Ingredientes para 4 personas:
6 tomates frescos
2 cebollas gordas
4 cucharadas soperas de aceite
1 cucharada sopera de harina
1 1/2 litros de caldo de carne [1]
1/2 diente de ajo
Perejil fresco
Pimienta blanca en polvo
Sal

Doraremos en el aceite puesto en una sartén al fuego las cebollas peladas y cortadas en ruedas. Añadiremos los tomates pelados y cortados, y lo rehogaremos a fuego vivo, espolvoreándolo con la cucharada de harina, añadiendo el caldo, y agregándole el medio diente de ajo machacado, un ramillete de perejil, sal y pimienta. Lo dejaremos cocer lentamente, unos 40 minutos. Lo pasaremos por un tamiz fino, volvién-

[1] Puede ser de cubitos.

3 cucharadas soperas de arroz
agua
2 pimientos morrones de lata.

dolo a echar a la cacerola, añadiendo el caldo de su cocimiento, tres cucharadas de arroz, blanqueado en agua, sal y los dos pimientos morrones cortados en tiritas.

Volveremos a cocerlo media hora y lo serviremos.

31. Potaje de habas secas
(Granada)

Ingredientes para 4 personas:

1 kilo de habas secas
1 trozo de cabeza de cerdo
1 oreja de cerdo
1 cebolla
1 espinazo de cerdo
150 gramos de tocino fresco
1 morcilla
1 diente de ajo
Un poco de azafrán
Agua
Sal.

Pondremos en una olla, al fuego, las habas, remojadas de víspera y agregaremos todos los ingredientes citados echando agua fría, que los cubra totalmente. Adicionaremos la sal correspondiente.

La dejaremos cocer muy despacio, hasta que se vea todo muy tierno.

Lo serviremos en una sopera.

32. Berza de coles
(Plato típico del día de los Santos)

Ingredientes para 4 personas:

1 col gorda
300 gramos de garbanzos
50 gramos de tocino salado
70 gramos de fideos o arroz
50 gramos de manteca de cerdo
100 gramos de tocino fresco
2 naranjas agrias
300 gramos de morcillo de vaca
1 hueso blanco
300 gramos de carne de cerdo
100 gramos de morcilla
2 nabos
2 dientes de ajo
3 ó 4 cominos
2 gramos de pimienta
Sal
Agua.

En una olla, al fuego, pondremos la carne de vaca, el tocino salado, el hueso blanco y dos litros de agua; cuando rompa a hervir le agregaremos los garbanzos (remojados), y al romper nuevamente a hervir, lo espumaremos cuidadosamente, dejándolo cocer después despacio 2 horas.

Retiraremos el caldo y dejaremos sólo en la olla los garbanzos y el tocino salado, agregando ahora la carne de cerdo, tocino fresco, la morcilla y la manteca de cerdo, así como la col muy picada, los nabos pelados y partidos y un poco de sal. Añadiremos también una taza de agua hirviendo, poniéndolo a cocer sobre el fuego.

A mitad de su cocción adicionaremos el majado siguiente: los dientes de ajo, los granos de pimienta y los cominos bien chafados en el mortero, dejándolo cocer despacio hasta que estén en su grasa y consumido el caldo.

Con el caldo hirviendo haremos una sopa con los fideos o el arroz.

33. Berza de acelgas

Ingredientes para 7 personas:

1/2 kilo de garbanzos
1 kilo de acelgas
3/4 kilo de carne
1 cucharada sopera de manteca de cerdo
1/2 kilo de tocino
1/4 kilo de judías blancas
1/4 kilo entre chorizo y morcilla
1 cucharada sopera de pimentón rojo, dulce o picante
Sal
Agua.

Pondremos en un puchero al fuego un litro de agua fría, las judías blancas remojadas y el tocino. Cuando rompa a hervir echaremos los garbanzos (remojados) y lo dejaremos cocer despacio hasta que estén casi hechos; entonces añadiremos las pencas [1] de las acelgas picadas, la carne, la morcilla y el chorizo, la cucharada de manteca de cerdo y el pimentón. Cocerá hasta que todo esté tierno y el caldo casi consumido.

[1] El tallo o blanco de las acelgas.

34. Olla cortijera de Córdoba

Ingredientes para 4 personas:

1/2 kilo de garbanzos
1 cebolla
2 dientes de ajo
1 repollo o berza
100 gramos de tocino
2 cucharadas soperas de aceite
Sal
Agua.

Pondremos a cocer en agua hirviendo los garbanzos (ya remojados), y les añadiremos la cebolla pelada y picada, así como los ajos, el aceite y sal. Pasada una hora de cocción incorporaremos el tocino, dejándolo cocer todo hasta que los garbanzos estén tiernos. Prepararemos el repollo limpio y cortado y lo añadiremos, dejándolo de nuevo en el fuego durante 1 hora, más o menos, hasta que la verdura esté en su punto. Debe quedar caldoso, pero poco, más bien espeso.

Serviremos el potaje con el tocino partido a trozos.

35. Olla de trigo
(Almería)

Ingredientes para 4 personas:

1/2 kilo de garbanzos
1/4 kilo de trigo
150 gramos de morcilla
150 gramos de chorizo
150 gramos de tocino
1 pimiento de cornicabra
1 rebanada de pan frito
1 manojito de hinojos
Sal
Agua.

Pondremos a remojar los garbanzos desde la víspera.

Descascarillaremos el trigo y lo haremos cocer en agua. En olla aparte herviremos agua con el tocino y el manojito de hinojos; cuando rompa a hervir echaremos los garbanzos.

Cuando el trigo esté tierno lo uniremos con los garbanzos, añadiéndole también la morcilla y el chorizo.

Machacaremos en el mortero el pimiento y la rebanada de pan frito; éste majado, lo echaremos a la olla; dejando cocer el conjunto lentamente, sazonándolo de sal, hasta que esté en su punto.

36. Lentejas con calabaza

Ingredientes para 4 personas:

400 gramos de lentejas secas
1 cabeza de ajos
2 cebollas
2 tomates frescos
1 hoja de laurel
2 pimientos verdes
1 cucharada de pimentón rojo dulce
400 gramos de calabaza
Vinagre
Agua
Sal
2 rodajas de pan frito
2 dientes de ajo más
Unas hebras de azafrán
4 cucharadas de aceite.

Remojar, de víspera, las lentejas, y ponerlas a hervir en agua fría añadiéndoles la cabeza de ajos tostada al horno, una cebolla pelada y cortada en dos, un tomate picado, el laurel, uno de los pimientos verdes troceado y sin pepitas, el pimentón, sal y parte del aceite.

Con el resto del aceite, puesto en una sartén al fuego, freír la otra cebolla, pelada y picada, el otro tomate (también trinchado), el pimiento verde y, cuando esté bien rehogado, añadirlo a las lentejas.

Majar los dos dientes de ajo con las hebras de azafrán y el pan frito y adicionarlo también al guiso. Unos 20 minutos antes de terminar su cocción incorporar la calabaza, pelada y troceada.

Antes de servirlo añadir un vasito lleno de vinagre.

37. Lentejas con espinacas

Ingredientes para 4 personas:

400 gramos de lentejas secas
2 cebollas
1 cabeza de ajos
1/2 kilo de espinacas frescas o congeladas
4 cucharadas soperas de aceite
1 hoja de laurel
1 cucharada de pimentón rojo dulce o picante
2 dientes de ajo más
1 rebanada de pan frito
Unas hebras de azafrán
Sal
Pimienta blanca en polvo
3 tomates frescos
2 pimientos verdes o rojos frescos
Agua.

Remojadas las lentejas en agua fría desde la víspera, las escurriremos y pondremos a cocer en un puchero al fuego, cubiertas con agua a la que agregaremos uno de los tomates, una cebolla (ambos pelados y cortados), el laurel y uno de los pimientos sin rabo ni semillas y troceado. Freiremos la cabeza de ajos en un poco de aceite, le echaremos el pimentón y también la adicionaremos al puchero. Que se haga poco a poco y sin dejar de hervir.

Haremos aparte un sofrito en una sartén, con la otra cebolla, el resto del tomate, el otro pimiento, todo bien limpio y picado. Este sofrito se incorpora a las lentejas. Cocer las espinacas, bien limpias y picadas, en un poco de agua; cuando estén tiernas, escurrirlas perfectamente y agregarlas también al puchero. Majar en un mortero el trozo de pan frito con el azafrán y los dos dientes de ajo fritos; diluir esto en un poco de agua de las lentejas, y echar al puchero sal y pimienta; servirlas caldosas.

38. Judías con lengua de cerdo

Ingredientes para 4 personas:

400 gramos de judías blancas
2 lenguas de cerdo
2 tomates frescos
2 pimientos verdes o rojos frescos
1 cebolla gorda
1 cucharada sopera de pimentón rojo dulce o picante
1 cabeza de ajos
Sal
1 hoja de laurel
Un poco de azafrán
Agua
4 cucharadas soperas de aceite.

Las judías blancas remojadas desde la víspera las pondremos a cocer, con agua fría, así que rompa el hervor quitar ese agua y ponerle otra nueva, agregándole un tomate cortado por su mitad, uno de los pimientos verdes partido y sin semillas, media cebolla, la hoja de laurel y la cabeza de ajos pelada y entera, así como un poco de sal. Cocerán poco a poco hasta que estén tiernas.

Limpiaremos las lenguas de cerdo friéndolas en el aceite, puesto al fuego en una sartén; les daremos unas vueltas en la sartén agregándoles el otro tomate, el pimiento verde y el resto de la cebolla, todo limpio y picado. Adicionaremos el pimentón y lo pasaremos todo a una cazuela cubriéndolo con agua caliente, que cueza hasta que las lenguas estén hechas. Una vez cocidas uniremos las judías con las lenguas (cortadas a trozos) y echaremos sal y pimienta, así como las hebras de azafrán. Sirviéndolo como potaje.

39. Judías con lomo

Ingredientes para 4 personas:

400 gramos de judías blancas
2 tomates frescos
2 pimientos verdes
2 cebollas
1 hoja de laurel
2 dientes de ajo fritos
Sal
Agua
400 gramos de lomo cortado a trozos
4 cucharadas soperas de aceite
1 cucharada sopera llena de pimentón rojo dulce o picante
Unas hebras de azafrán
Pimienta blanca en polvo.

Remojaremos las judías, en agua fría, unas 12 horas antes. Pasado este tiempo las pondremos en un puchero, al fuego, cubiertas de agua, cuando rompan el hervor, les cambiaremos el agua por otra nueva, añadiendo uno de los tomates, uno de los pimientos, una de las cebollas (todo pelado y partido por la mitad), la hoja de laurel, y sal. Que se vaya haciendo lentamente sobre el fuego.

En una sartén, al fuego, con el aceite, freír el lomo, darle la vuelta por ambos lados, y añadirle el otro tomate, el otro pimiento y la otra cebolla (pelados y muy trinchados), así como el pimentón. Añadir esto al puchero de las judías y que sigan su cocción. Majar los dientes de ajo en el mortero, con el azafrán y un poco de pimienta en polvo, disolver en un poco de caldo del cocimiento e incorporarlo a las judías. Serviremos éstas muy tiernas y con todo, pero algo caldosas.

40. Judías con morcilla de Ronda

Ingredientes para 4 personas:
400 gramos de judías blancas
3 tomates
1/2 hoja de laurel
1 cabeza de ajos
1 cucharada sopera de pimentón rojo dulce o picante
Sal
Agua
1 cebolla
2 pimientos verdes
300 gramos de morcilla de Ronda
3 cucharadas soperas de aceite.

Las judías estarán previamente remojadas desde el día anterior. Ponerlas en un puchero, al fuego, con agua fría y, cuando rompan el hervor, quitar ese agua y añadir otra nueva, agregándoles a la vez uno de los tomates pelado y cortado, el laurel y la cabeza de ajos previamente tostada al horno, así como el pimentón y la sal.

En el aceite, puesto en una sartén al fuego, freiremos la cebolla y el resto de los tomates, ambos pelados y troceados, le añadiremos los pimientos, cortados y sin semillas y la morcilla de Ronda, cortada en ruedas. Esto cuando lo tengamos bien rehogado lo adicionaremos al pruchero de las judías para que den un hervor. Deben salir muy tiernas.

Servir como potaje.

41. Garbanzos con bacalao

Ingredientes para 4 personas:
400 gramos de garbanzos
400 gramos de bacalao seco cortado a trozos
2 tomates frescos
2 pimientos verdes
1 clavo
2 cebollas
1 cabeza de ajos
2 dientes más de ajo
Agua
Sal
1 cucharada sopera de pimentón rojo dulce o picante
Pimienta blanca en polvo.

Los garbanzos estarán previamente remojados, así como el bacalao (por separado). Escurrir los garbanzos y prepararlos en un puchero, al fuego, con agua caliente y agregándoles uno de los tomates, uno de los pimientos, una de las cebollas (todo ello pelado y troceado) y el clavo, así como la cabeza de ajos asados al horno. Que rompa a hervir, echar la sal, y rebajar el calor del fuego.

Espumar el bacalao, esto se hará colocando el utensilio en que se remojó el fuego y, cuando se vea la superficie con espuma, quitando el bacalao y dejándolo en un plato.

Preparar, en una sartén, al fuego, con el aceite, un sofrito con el resto de la cebolla, tomates, pimiento verde y los dos dientes de ajo, todo muy picadito. A medio hacer agregaremos el pimentón y el bacalao.

Incorporaremos todo esto al puchero de los garbanzos. Rectificaremos de sal (seguramente no lo precisará) le añadiremos un poco de pimienta blanca y que termine su cocción lentamente hasta que estén muy hechos.

42. Garbanzos con espinacas

Ingredientes para 4 personas:

400 gramos de garbanzos
400 gramos de espinacas
1 cucharada sopera de pimentón rojo dulce o picante
1 hoja de laurel
2 cebollas
2 pimientos verdes
2 tomates
Sal
Agua
3 dientes de ajo
Unas hebras de azafrán
2 cucharadas soperas de aceite.

Los garbanzos como mejor se remojan (de 10 a 12 horas) es en agua caliente con un puñado de sal. Cuando vayamos a cocinarlos los pondremos en un puchero, al fuego, con agua caliente, añadiremos uno de los dientes de ajo pelado y entero, una de las cebollas pelada y cortada en dos, el laurel y la mitad de los tomates, pelados y trinchados. Que se hagan, con sal, poco a poco.

En el aceite, puesto al fuego en una sartén, freiremos el resto de la cebolla y tomates (pelados y picados) agregándoles los pimientos, sin rabo ni semillas y cortados a trocitos. Coceremos las espinacas en agua y sal y bien escurridas, las incorporaremos a la sartén del sofrito, adicionando un majado compuesto por el resto de los ajos y el azafrán. Unir garbanzos con espinacas, y seguir cociendo hasta que los garbanzos estén muy tiernos.

43. Habas secas con oreja de cerdo
(Granada)

Ingredientes para 4 personas:

400 gramos de habas secas
1 oreja de cerdo
1 mano o pie de cerdo
Un trozo de rabo de cerdo
50 gramos de tocino fresco
2 morcillas
2 chorizos
150 gramos de magro de cerdo
1 hueso de jamón
Sal
Agua.

Pondremos a remojo las habas secas en agua. El día de hacerlas las dispondremos en un puchero u olla de barro, cubiertas con agua, y añadiéndolas la oreja, mano o pie de cerdo, rabo, tocino, magro y hueso de jamón. Poner a fuego vivo y cuando empiece a hervir reduciremos la intensidad del fuego, echaremos sal y a mitad de su coción, les incorporaremos las morcillas y los chorizos. Las serviremos en una fuente honda de barro.

Este plato es típico del día de San Antón en Granada.

Capítulo III

GAZPACHOS, AJO BLANCO, PORRAS Y ZOQUE

EL GAZPACHO

Plato andaluz por excelencia, podemos definirlo como una sopa fría que se hace sin cocción, con agua, sal, aceite, vinagre, miga de pan, pepino, cebolla, tomate, etc. Hoy extendida por toda nuestra geografía. Nos preguntamos ¿cuándo atravesó los Pirineos?

El escritor francés Alfred de Musset, escribió en plena época romántica francesa sus «Contes d'Espagne et d'Italie» con un corazón apasionado, melancólico y voluptuoso. Escribió aquello de: «Avez-vous vu dans Barcelone, une andalouse au sein bruni?». Fue entonces en pleno siglo XIX y bajo el reinado de Luis Felipe I cuando el gazpacho hizo furor en el vecino país. Eran gazpachos en que, además de los ingredientes tradicionales, intervenían los zumos de limón, de uva sin madurar, los polvos de orégano y otros.

Pero los platos que se hacen famosos y proliferan mucho terminan sin una fórmula o receta concreta. En el caso del gazpacho esto se produce en grado mayor. Existen gazpachos con numerosas variantes, tantos como las comarcas o lugares donde se prepara.

44. Gazpacho 1.ª forma

Ingredientes para 4 personas:

1 pimiento verde
4 cucharadas soperas de aceite fino
1 pepino
4 cucharadas soperas o más de vinagre
Sal
4 dientes de ajo
200 gramos de pan
1/2 kilo de tomates frescos
1 huevo duro
Agua.

Machacaremos en un mortero los dientes de ajo con dos cucharillas de café de sal y, a continuación, los tomates, pelados, el pimiento y un trocito de pepino. Bien machacado todos agregaremos el aceite poco a poco, y sin dejar de machacar.

Echaremos, por último, el vinagre, aclarando todo con un litro y medio de agua y, ya en la sopera, le agregaremos el pepino cortado, y unos costrones de corteza de pan, así como el huevo duro pelado y picado.

45. Gazpacho 2.ª forma

(Versión moderna)

Ingredientes paa 4 personas:

6 tomates maduros, pero fuertes
1 pepino mediano
1 cucharada sopera de salsa mahonesa
1 rebanada de pan rallado muy finamente
3 pimientos rojos frescos
1 diente de ajo
1 cucharilla de café de pimentón dulce
1 litro de agua
Sal.

Pelaremos y limpiaremos bien los pepinos, tomates y pimientos, cortándolos a trocitos pequeños y los meteremos en la trituradora eléctrica, junto con un poco de agua.

Pasaremos por el chino la pasta obtenida a una sopera, añadiendo más líquido, o sea, más agua, si así lo precisa, le agregaremos el pan rallado y lo dejaremos reposar, en el frigorífico (parte media) 1 hora.

Majaremos al mortero el diente de ajo, junto con el pimentón, sal y la salsa mahonesa, uniéndolo perfectamente y agregándolo a la sopera que tenemos en el resto. Añadiremos el agua, muy fría, y un poco más de sal.

Este gazpacho lo presentaremos con fuentes o platos pequeños en los que irán: trocitos de pan; trocitos de tomate; trocitos de pimientos y trocitos de pepino.

Se suele tomar en taza como el consomé.

46. Gazpacho 3.ª forma

Ingredientes para 4 personnas:

6 almendras dulces no tostadas
1 diente de ajo
1 vaso de agua de aceite
1 vaso de agua de vinagre
Sal
Pan
Agua.

Majaremos bien las almendras y el ajo, añadiremos, como si fuese una salsa, aceite, sal y vinagre batiendo muy bien, echaremos cuatro platos soperos llenos de agua, volviéndolo a batir.

A la hora de servir incorporaremos trozos de pan cortados en dados y tostados al horno.

47. Gazpacho 4.ª forma

(Típico de los restaurantes) [1]

Ingredientes para 6 personas:

8 tomates
3 pimientos verdes
1 $^{1}/^{2}$ pepinos
1 cebolla

«Como normas preceptivas diremos que a los pimientos se les quita el corazón y las semillas. Los tomates se pelan quitando el tronco y el pepino se monda. También se puede usar

[1] Nos ha proporcionado la receta un entendido periodista andaluz.

1 rebanada de pan
1 diente de ajo
2 cucharadas soperas de salsa mahonesa
Una picada de almendras y avellanas
1 pimiento morrón de lata
4 cucharadas soperas de aceite
1 cucharada sopera de vinagre
Pimienta blanca en polvo
Sal
Agua o caldo de carne.

mitad tomates naturales, mitad tomate preparado de lata, quedando muy bien. Todo se corta en trocitos. Los tomates dan bastante agua, pero si se desea líquido se puede agregar agua fresca o mejor buen caldo. El pan se puede poner a remojo con tiempo o se ralla.»

«El proceso es simple y bien sencillo: se ponen todos los ingredientes en la batidora. Se bate hasta que todo quede bien triturado y mezclado, mínimo unos 2 minutos. Si no caben todos los ingredientes se puede hacer primero las hortalizas y depositarlo en un recipiente. Después los demás ingredientes poniendo la mahonesa con el ajo para que la primera tome bien el sabor. No abusar de ajo, no más de un diente, ya que al ir en crudo da bastante sabor. Esta segunda parte se pone en un segundo recipiente. Después se mezcla la mitad de cada recipiente en la batidora y al final se une todo. Muy importante como última operación pasarlo todo por el chino y ponerlo en el frigorífico.»

«Se sirve con guarnición aparente: pepino crudo en dados; cuadritos de pan normal o tostado; cebolla picada; pimiento verde picado y tomate crudo en trocitos. Cada uno de estos elementos en platito aparte para que el cliente se sirva a gusto en cuanto a ingredientes y cantidad.»

48. Gazpacho 5.ª forma

(Forma tradicional en almirez, cuya receta se debe a una hábil e ingeniosa cocinera sevillana.)

Ingredientes para 4 personas:
1 diente de ajo crudo
4 tomates maduros y rojos
2 pimientos verdes cortados a trozos
1 taza de desayuno de miga de pan remojada en 4 cucharadas soperas de agua
4 cucharadas soperas de vinagre
3 cucharadas soperas de aceite fino
Sal

«El gazpacho de almirez es la forma más tradicional de hacerlo. He aquí cómo puede realizarse: se frota suavemente con el diente de ajo las paredes del mortero, dejando el resto en el mismo. Se ponen los tomates y pimientos machacándolos bien. Se añade miga de pan remojado, majando de nuevo hasta que quede bien mezclado. Luego con lentitud se añade aceite, vinagre, sal y una pizca de pimienta. Se aclara con agua fría a gusto, revolviendo con la mano del mortero. Se pasa por el colador y se vierte en la sopera, colocándolo en lugar

Pimienta blanca en polvo
5 tazones de agua

Para la guarnición:

Pan cortado en trocitos
1 pimiento verde cortado en trocitos
1 pepino pelado y cortado en trocitos.

fresco o en la nevera. Se sirve con guarnición de pan, pepino y pimientos.»

«Todo el arte del gazpacho de almirez está en el sabido manejo de la mano del mortero, accionando incesantemente, triturando bien los ingredientes, majado lentamente, y en el acierto y medida en que se combinan los ingredientes.»

49. Gazpacho 6.ª forma

Ingredientes para 4 personas:
1/4 kilo de tomates frescos
1 pimiento verde fresco
1 diente de ajo
4 cucharadas soperas llenas de aceite fino
1 1/2 litros de agua
4 cucharadas soperas de vinagre fuerte
Miga de pan (2 tazones de desayuno llenos)
Sal

Majaremos los ajos y el pimiento, y le agregaremos el tomate y la miga de pan remojado en agua. Bien unido, le iremos añadiendo el aceite poco a poco, sal, y cuando esté absorbido echaremos el agua y el vinagre. Lo pasaremos por el chino sirviéndolo muy frío. Aparte podemos poner trocitos de pepino, pan frito, pimiento y cebolla, todo muy picado y puesto en platitos individuales.

50. Gazpacho (tostado) 7.ª forma

Plato típico de Cañete la Real (para invierno).

Ingredientes para 4 personas:
1/2 kilo de pan
2 pimientos colorados ya cocidos
1 cucharilla de café llena de pimentón dulce
7 cucharadas soperas de aceite
1 litro de agua
El zumo de una naranja agria
Sal.

Cortaremos el pan en rebanadas de un centímetro de grueso, y las tostaremos a la parrilla; una vez tostadas las dejaremos bien colocadas en una fuente.

Pondremos a hervir el litro de agua, agregándole el aceite, el pimentón y la carne de los pimientos colorados cocidos y machacados, con un poco de sal. Cuando rompa a hervir adicionaremos el zumo de la naranja agria vertiéndolo todo sobre el pan tostado y colocado ya en una fuente. Cuando haya embebido el caldo lo serviremos.

51. Gazpacho de almendras 8.ª forma

Ingredientes para 4 personas:
1/2 litro de agua
1 diente de ajo

Picaremos muy menudas las almendras junto con el ajo en el mortero; después de majadas les iremos añadiendo el aceite poco a poco. Después lo verteremos en una ensaladera, si-

1 docena de almendras
El zumo de un limón colado
1 tacita de aceite
2 ó 3 rebanadas de pan.

guiendo removiendo y le añadiremos agua y el zumo del limón. Por último echaremos el pan cortado en pedacitos. Lo dejaremos reposar y lo serviremos frío (podemos meterlo en el frigorífico) hasta la hora de servirlo en tazones, a la mesa.

52. Gazpachuelo corriente

Ingredientes para 4 personas:
1/2 kilo de pan blanco
1 huevo
El zumo de 1 limón
Sal
1 1/2 litros de agua
1 decilitro de aceite.

Cortaremos el pan en rebanadas finas, dejándolo en una cacerola, y agregándolo agua y un poco de sal. Lo pondremos al fuego y, cuando rompa a hervir, echaremos la clara del huevo, batiendo un poco y dejándolo al fuego, pero sin que hierva.

Batiremos la yema con un poco de sal y unas gotas de limón, y poco a poco vamos echando aceite para hacer una mahonesa, y, ya echa, le agregaremos agua de la sopa para templarla, con cuidado de que no se corte al incorporarla.

Lo verteremos en una sopera sirviéndolo a continuación.

53. Ajo blanco de Málaga

Ingredientes para 4 personas:
1 1/2 litros de agua
6 cucharadas soperas de aceite
75 gramos de almendras crudas
100 gramos de miga de pan
1 diente de ajo
3 cucharadas soperas de aceite
Sal
Trocitos de pan sin miga o muy poca
3 cucharadas soperas llenas de vinagre.

En un mortero machacaremos el ajo, junto con las almendras y un poco de sal, a la vez iremos echando cucharadas de agua. Así que hayamos formado una pasta fina incorporaremos la miga de pan (remojada en agua), la cual uniremos a lo anterior batiendo continuamente, pondremos después el aceite, como en una salsa mahonesa y el vinagre, aclarándolo, poco a poco, con el resto del agua y poniéndole más sal.

Los trocitos de pan podemos, o bien tostarlos al horno, o freírlos en la sartén, con aceite. Los presentaremos a la vez que la sopa.

54. Ajo blanco con uvas

Ingredientes para 4 personas:
20 almendras
1 racimo de uvas
Agua

Las almendras las remojaremos en agua hirviendo hasta que las veamos que sueltan la piel. Las pelaremos y dejaremos en el mortero, con los ajos y una cucharilla de café de sal. Lo machacaremos bien y le añadiremos miga de pan previamente

Pan
4 dientes de ajo
1 vasito de vino de vinagre
1 decilitro de aceite
Sal.

remojada, machacándolo de nuevo hasta que todo quede bien mezclado, y añadiéndole el aceite, poco a poco, hasta formar una pasta parecida a la mahonesa. Le adicionaremos un vasito de vinagre y seguiremos revolviendo un momento. Después echaremos todo en una sopera y a la vez iremos añadiendo agua fría para desleírla, poniéndole por último las uvas limpias y desgranadas, y pedacitos de corteza de pan.

55. Porra fría

(Típico de Villanueva del Trabuco)

Ingredientes para 4 personas:
1/2 kilo de miga de pan blanco
4 huevos duros
1 tomate fresco grande
6 cucharadas soperas de vinagre
1 diente de ajo
7 cucharadas soperas de aceite
Sal
Agua.

Echaremos en un mortero un poco de sal y el diente de ajo pelado. Después de machacado y picado le añadiremos el tomate pelado y cortado y machacaremos bien de forma que quede triturado, agregaremos la miga de pan, que antes la habremos empapado con tres cucharadas de vinagre y otras tantas de agua, seguiremos majando para mezclarlo todo perfectamente. Poco a poco agregaremos el aceite hasta embeber la mitad de la cantidad, y cuando se forme como una pasta fina la aclararemos con unas cucharadas de agua y el resto del vinagre, pero de modo que no quede clara.

Lo verteremos en una fuente honda, cubriéndolo con el resto del aceite y poniendo los huevos duros pelados y partidos por encima.

56. Zoque o soque

Ingredientes para 4 personas:
1/4 kilo de tomates frescos y rojos
2 cucharadas soperas de vinagre
1 diente de ajo
150 gramos de pan blanco
1 pimiento fresco verde
7 cucharadas soperas de aceite fino
Sal fina.

En un almirez o mortero machacaremos el ajo con un poco de sal y el pimiento cortado a trocitos. Ya triturado, le agregaremos los tomates partidos y la miga del pan (remojada de antemano en agua y estrujada), todo junto lo majaremos para mezclarlo bien; entonces adicionaremos poco a poco el aceite, trabajándolo sin parar para incorporarlo a la masa. Cuando haya absorbido todo echaremos, poco a poco, un litro de agua fresca. Lo pasaremos por un colador, puesto en la sopera, sazonándolo con el vinagre y un poco de sal, agregándole además unos trocitos de pan cortados de la corteza y tostados al horno.

57. Cachorreras

(Plato típico de Churriana)

Ingredientes para 4 personas:

1/2 kilo de pan
1 diente de ajo
2 granos de cominos
2 cucharadas soperas de pimentón rojo
5 cucharadas soperas de aceite de muy buena calidad
1 1/2 litros de agua
1 naranja ácida
Sal
2 cucharadas soperas de vinagre.

Cortaremos a pedacitos el medio kilo de pan blanco, retirándole como una taza de miga que empaparemos en el vinagre.

En el mortero machacaremos el diente de ajo con los granitos de cominos y el pimentón, le agregaremos la miga y uniremos bien con el aceite, echándolo poco a poco. Cuando esté a modo de una pasta fina la aclararemos poco a poco con agua hasta añadir el litro y medio.

Este caldo lo pondremos en una cacerola al fuego y, cuando rompa a hervir, le echaremos el pan cortado de antemano, lo taparemos y dejaremos esponjar el pan.

Por último incorporaremos el zumo de la naranja ácida, pasado por un colador.

NOTA.—Como podrá apreciarse tanto los gazpachos, ajo blanco, porras, zoque o cachorreras son preparaciones muy similares entre sí, sólo con algunas variantes que las diferencian.

Capítulo IV

VERDURAS, HORTALIZAS, ENSALADAS Y PATATAS

58. Acelgas con pasas a la malagueña
59. Alcauciles (alcachofas) en aceite
60. Alcauciles (alcachofas) a la cordobesa
61. Fondos de alcauciles (alcachofas) a la gitana
62. Repollo aliñado y con huevos
63. Repollos gratinados
64. Coles rellenas
65. Coliflor a la granadina
66. Coliflor al ajo
67. Espinacas al Sacro Monte
68. Espinacas al estilo cordobés
69. Espinacas al estilo de Jaén
70. Fritos de espinacas y collejas
71. Habichuelas verdes aliñadas con huevos
72. Habichuelas verdes a la sevillana
73. Habas tiernas a la rondeña
74. Habas verdes a la granadina
75. Habas tiernas con jamón de Trevélez
76. Boronia o Alboronia
77. Chocos con habas
78. Guisantes con lechugas
79. Guisantes del tiempo con jamón
80. Guisantes salteados
81. Espárragos con huevos salteados
82. Espárragos a la sevillana
83. Espárragos amargueros
84. Espárragos trigueros a la andaluza
85. Remolachas aliñadas y con huevos
86. Remolachas con atún
87. Menestra a la rondeña
88. Calabacines rellenos al estilo de Andalucía
89. Liadillos sevillanos
90. Tirabeques rellenos
91. Cebollas y tomates rellenos
92. Zanahorias salteadas con apio
93. Ensalada de patatas cocidas
94. Ensalada de tomates y pepinos
95. Ensalada de legumbres
96. Ensalada andaluza
97. Ensalada a la casera
98. Ensalada a la almoraina
99. Ensalada triana
100. Entremés andaluz
101. Remojón (plato frío)
102. Pipirrana
103. Salmorejo
104. Patatas a la flamenca
105. Patatas a la malagueña
106. Patatas al ajo pollo
107. Patatas con rape
108. Patatas con bacalao
109. Patatas con raya
110. Patatas con chorizo
111. Ajoharina de Jaén
112. Ajo colorado
113. Bollos de panizo

58. Acelgas con pasas a la malagueña

Ingredientes para 4 personas:

2 manojos de acelgas (un peso de 1.200 gramos)
2 dientes de ajo
100 gramos de pasas de Málaga
6 cucharadas soperas de aceite
Sal
Agua.

Cortaremos los tallos y las hojas, más o menos menudamente según nos convenga, lavándolas con agua fresca y poniéndolas en un puchero que estará al fuego con abundante agua hirviendo. Les daremos un hervor, y las escurriremos volviéndolas a poner en otro puchero, en el que habrá también agua hirviendo (de este modo no amargan).

Les echaremos un poco del aceite, y las sazonaremos con sal dejándolas hervir una media hora o tres cuartos de hora. Cuando estén tiernas las escurriremos y pasaremos a una sartén al fuego, para freírlas, con aceite, en el que habremos dorado los ajos, después les añadiremos las pasas rehogándolo todo bien. Servirlas muy calientes.

59. Alcauciles (alcachofas) en aceite

Ingredientes para 4 personas:

8 alcauciles
12 cucharadas soperas de aceite
Sal
Pimienta blanca en polvo
1 limón
Agua.

Aconsejamos elegir los alcauciles grandes y tiernos.

Les quitaremos el tallo y las hojas duras, cortando también las puntas para dejarlos iguales y entreabriéndoles los iremos echando en agua con el zumo de limón a medida que los vamos preparando. Cuando estén todos los sacudiremos para quitarles el exceso de agua y los colocaremos boca arriba, poniendo en su centro o corazón un poco de sal y pimienta. Los pondremos en una cazuela proporcionada para que queden de pie, y apretados, al objeto de que no se muevan.

En el centro o corazón de cada uno pondremos cucharada y media de aceite. Echando agua hasta que llegue al borde de los alcauciles. Taparemos la cazuela y la pondremos al fuego a hervir. Cuando estén tiernos, y el agua consumida, quedando sólo el aceite, podemos servirlos a la mesa, sacándoles con mucho cuidado a una fuente.

60. Alcauciles (alcachofas) a la cordobesa

Ingredientes para 4 personas:

12 alcauciles grandes
1/2 kilo de patatitas

Limpiaremos los alcauciles frotándolos con el limón y dejándolos en remojo con agua y zumo de limón hasta el momento de cocinarlos.

1 cucharada sopera de harina
3 dientes de ajo
1 pimiento del tiempo, o de lata
2 limones
2 tazas de desayuno de caldo[1]
unas hebras de azafrán
1/4 litro de aceite
Sal.

En una cazuela al fuego con el aceite freiremos los dientes de ajo enteros, ya fritos los pasaremos al mortero, machacándolos bien y añadiéndoles la harina, el caldo, el azafrán y sal.

Añadiremos a la cazuela y con el aceite de freír los ajos, las patatitas peladas y enteras si son pequeñas, o partidas en trozos iguales si son grandes, rehogándolas y adicionándoles los alcauciles bien escurridos. Que sigan rehogando unos 10 minutos. Incorporaremos el majado de ajos, harina y caldo caliente, azafrán tostado y la sal necesaria y dejándolo cocer hasta que esté en su punto, procurando que las patatas no queden muy pasadas y que el caldo esté espeso.

Serviremos los alcauciles en una fuente adornándolos con tiras de pimiento.

---

[1] Puede ser de cubitos.

61. Fondos de alcauciles (alcachofas) a la gitana

Ingredientes para 4 personas:

8 alcauciles tiernos
6 cucharadas soperas de aceite de oliva
3 cucharadas soperas de vinagre
1 ramita de estragón
1 pimiento rojo fresco y grande
1 diente de ajo
8 aceitunas negras
2 tomates frescos
Sal
Pimienta blanca en polvo
Agua.

Lavaremos los alcauciles, y les cortaremos el tallo separando las hojas exteriores. Los coceremos por espacio de 20 minutos en agua hirviendo con sal.

Lavaremos el pimiento, secándolo y abriéndolo por la mitad para eliminar las semillas; lo cortaremos en tres trozos pequeños.

Calentaremos dos cucharadas soperas del aceite en una sartén al fuego y añadiremos los trozos de pimiento.

Mondaremos y picaremos el diente de ajo, echándolo a los trozos de pimiento cuando éstos empiecen a dorarse, sazonando con sal y pimienta. Una vez hecho dejarlo enfriar.

Así que los alcauciles estén cocidos, los escurriremos apartándolos y quitándoles las hojas y el corazón. Redondearemos bien los fondos colocándolos sobre una bandeja.

Prepararemos una salsa vinagreta con el resto del aceite y vinagre a la que añadiremos sal y pimienta y el estragón lavado y picado.

Colocaremos los trozos de pimiento sobre los fondos y cubriremos con la preparación anterior.

Lavaremos y secaremos con un trapo el tomate y lo cortaremos después en ocho rodajas.

Taparemos los fondos con una rodaja de tomate; cada una de ellas la adornaremos con una aceituna negra.

Este plato lo serviremos frío.

62. Repollo aliñado y con huevos

Ingredientes para 4 personas:

1 repollo gordo o 2 más pequeños
Agua
Sal
1 vasito de vino o menos de vinagre
1 vasito de vino de aceite fino
2 huevos duros.

Limpiaremos y picaremos bien el repollo o repollos, lavándolos perfectamente en agua fría.

En un puchero, al fuego, con abundante agua caliente y sal coceremos la verdura hasta verla muy tierna. (Si gusta pueden añadirse patatas cortadas en pedazos irregulares.)

Escurrido el repollo de su líquido de cocción, cuando esté bien hecho, lo colocaremos en una fuente y lo presentaremos, en frío, a modo de ensalada y arreglándolo con el aceite y el vinagre, y disponiendo sobre él los huevos duros picados y cortados en disco.

63. Repollos gratinados

Ingredientes para 4 personas:

2 repollos tiernos
Agua
Sal
2 cucharadas soperas de manteca de cerdo
1 diente de ajo gordo
perejil fresco
1 cucharada sopera llena de pan rallado
1 cucharada sopera llena de queso rallado.

Limpiaremos y cortaremos los repollos, pero un poco gruesos, no muy finos, lavándolos bien. Pondremos un puchero o cazuela hondo, al fuego, con agua y en él coceremos los repollos con un poco de sal. Cuando estén cocidos y bien escurridos prepararemos una fuente de horno, la que untaremos con la manteca y echaremos la verdura.

Picaremos el diente de ajo, junto con el perejil y lo uniremos al pan y queso rallado; con esto cubriremos la verdura que gratinaremos a horno caliente. Cuando veamos la superficie tostada, podemos servirlo a la mesa.

64. Coles rellenas

Ingredientes para 4 personas:

8 hojas de col, perfectamente enteras, y lo más iguales posible
Agua
Sal
500 gramos de carne picada (mitad de cerdo y mitad de cabrito)
1 diente de ajo
1/2 cucharilla de café de canela en polvo
Un poco de pimienta blanca en polvo
1 cucharada sopera de aceite.

Ingredientes para la salsa:

2 cucharadas soperas de aceite
1/2 cebolla picada
2 cucharadas soperas de puré de tomate
1 cucharada sopera de harina
1 cucharilla de café de jugo de carne
1/4 de litro o más de caldo de carne [1]
Sal
Un poco de nuez moscada.

Lavadas las hojas de col las coceremos, en agua con sal, de forma que no se estropeen. Escurridas las extenderemos en el mármol.

Con las carnes, sal, la canela, el diente de ajo picado y un poco de pimienta haremos un relleno, colocándolo (por porciones) en cada hoja de col, la envolveremos y ataremos con un hilo fino, dejándolas en una cazuela untada previamente con el aceite.

La salsa la haremos así: en el aceite, puesto en una sartén al fuego, freiremos la cebolla y así que tome color le añadiremos el puré de tomate y la harina, que se dore un poco, adicionándole ahora el jugo de carne (lo venden ya preparado) un poco de nuez moscada rallada, el caldo y algo de sal. Esta salsa, una vez que haya cocido unos 5 a 8 minutos, la pasaremos sobre las coles rellenas (que no deben hervir en ella).

Servirlas calientes.

[1] Debe ser buen caldo de carne o del puchero.

65. Coliflor a la granadina

Ingredientes para 4 personas:

1 coliflor blanca y de buena clase
Agua
Sal
50 gramos de tocino con algo de hebra
1 cebolla gorda
1 taza de desayuno llena de caldo de carne [1]
Unas hebras de azafrán
1/2 cucharilla de café de vinagre
Pimienta blanca en polvo
2 cucharadas soperas de aceite.

Lavaremos la coliflor entera, quitándole los troncos duros y la coceremos (entera) en una cazuela ancha, al fuego, con abundante agua y un poco de sal.

Hecha, pero no deshecha (ojo con este detalle), la escurriremos y, ya un poco fría, la separaremos en ramos.

En una cazuela, al fuego, con el aceite, freiremos el tocino y la cebolla, ambos cortados o fileteados no muy finos. Cuando tengan color dorado le añadiremos los ramos de coliflor. Majaremos el azafrán al mortero añadiéndole el vinagre y lo echaremos sobre la verdura, adicionando un poco de pimienta blanca y la taza de caldo, muy caliente. Serviremos rápidamente la coliflor en la mesa.

[1] Debe ser buen caldo de carne o del puchero.

66. Coliflor al ajo

Ingredientes para 4 personas:

1 coliflor de buen tamaño que sea tierna
3 cucharadas soperas de aceite
Agua
Sal
1 cucharada sopera de pimentón rojo dulce [1]
1 cucharada sopera de pan rallado
1 cucharón de caldo de carne [2]
Perejil fresco
1 cucharilla de café de vinagre.

Limpiaremos y cortaremos, a ramitos, la coliflor, cociéndola en agua con sal, en un puchero al fuego, hasta que esté bien cocida. La escurriremos una vez hecha.

En una cazuela, mejor si es de barro, con el aceite, freíremos los dientes de ajo muy picados, así que tomen color añadiremos la coliflor, bien escurrida del agua de su cocción, y sobre ella el pimentón, el pan rallado, sal, el vinagre y el cucharón de caldo. Lo rehogaremos, moviendo la cazuela para evitar, así, tocar la verdura y que se estropee. A la hora de servirla a la mesa, en la misma cazuela, le echaremos abundante perejil picado por encima.

---

[1] Puede ser picante si agrada más.
[2] Debe ser buen caldo de carne o del puchero.

67. Espinacas al Sacro Monte

Ingredientes para 4 personas:

1 1/2 kilos de espinacas frescas
Agua
Sal
200 gramos de almendras sin tostar
4 cucharadas soperas de aceite
Unas hebras de azafrán
50 gramos de pasas
1 cucharilla de café de vinagre
Pimienta blanca en polvo
4 rodajas de pan frito
2 dientes de ajo
2 cucharadas soperas de miga de pan fresco.

Lavaremos bien las espinacas y las pasaremos por abundante agua fría, poniéndolas a cocer, en abundante agua con sal, en un puchero al fuego. Cocerlas enteras y, una vez hechas y escurridas, pasarlas a una tabla y trocearlas con el cuchillo.

Escaldaremos las almendras, en agua hirviendo. Una vez escaldadas las freiremos en dos cucharadas de aceite junto con los dos dientes de ajo, picados, y la miga de pan. Una vez frito lo pasaremos a majar al mortero junto con el azafrán.

Rehogaremos las espinacas en el resto del aceite y les incorporaremos el majado del mortero y las pasas, picadas. Echaremos sobre ellas el vinagre y un poco de pimienta (acaso algo más de sal).

Serviremos la verdura con los panes fritos.

68. Espinacas al estilo cordobés

Ingredientes para 4 personas:

1 1/2 kilos de espinacas
1 cebolla pequeña

Lavaremos las espinacas y las pondremos a cocer en agua caliente y sal durante unos 5 minutos, pasándolas después por agua fría y escurriéndolas bien, y aplastándolas con una cu-

2 dientes de ajo
Pan
1 cucharilla de café de pimentón encarnado dulce
Vinagre
Canela en polvo
4 cucharadas soperas de aceite
Sal
Agua
Costrones de pan frito.

chara contra el fondo del escurridor para que suelten todo el agua. Las picaremos sobre la tabla colocándolas seguidamente en una cazuela.

Freiremos en una sartén al fuego con el aceite la cebolla pelada y picada y los dientes de ajo, ya fritos, incorporaremos el pimentón y un chorro de vinagre, echando esto sobre las espinacas, y sazonándolas con sal y canela.

Las dejaremos cocer, bien tapadas, a fuego lento, unos minutos y las serviremos en una fuente adornadas con los cuadritos de pan frito.

69. Espinacas al estilo de Jaén

Ingredientes para 4 personas:

1 1/2 kilos de espinacas
5 cucharadas soperas de aceite
1 rebanada de pan
2 dientes de ajo
4 pimientos secos
Sal
Pimienta blanca en polvo
Agua.

Escaldaremos las espinacas bien limpias quitándoles el agua, y estrujándolas bien, las pondremos en una cazuela.

Remojaremos los pimientos en agua caliente durante 2 horas.

Freiremos en el aceite, puesto al fuego, en una sartén, los dientes de ajo y la rebanada de pan. Una vez fritos los machacaremos en el mortero para hacer una pasta, a la que añadiremos la carne de los pimientos, raspándolos con la cuchara.

Echaremos el aceite de la sartén sobre las espinacas, rehogándolas un poco y, a continuación, agregaremos el majado diluido con una tacita de agua. Sazonaremos con sal y pimienta y que cueza despacio unos 20 minutos.

70. Fritos de espinacas y collejas

Ingredientes para 4 personas:

1 kilo entre espinacas y collejas
1/2 litro, o menos, de aceite
Sal
Pimienta blanca en polvo
100 gramos de miga de pan blanco rallado
1 manojo de cebolletas tiernas
8 huevos
Agua.

Limpiaremos bien las espinacas y collejas cociéndolas en abundante agua hirviendo con sal; una vez cocidas, las pasaremos por agua fría, escurriéndolas perfectamente. En cuatro cucharadas de aceite, puestas en una sartén, al fuego, freiremos las cebollas peladas y picadas y, cuando empiecen a dorarse, echaremos las espinacas y collejas, rehogándolas bien y sazonándolas con sal y un poco de pimienta blanca en polvo.

Batiremos cuatro huevos (cada uno por separado), y les echaremos parte de las verduras rehogadas haciendo cuatro tortillas, y dejándolas enfriar. Ya frías las cortaremos en trozos y las rebozaremos con el resto de los huevos batidos y pan rallado, y friéndolas en el resto del aceite.

Las serviremos muy calientes.

71. Habichuelas verdes aliñadas con huevos

Ingredientes para 4 personas:

1 kilo de habichuelas verdes
1/2 cucharilla de café de bicarbonato
Agua
Sal fina
4 huevos duros
2 cucharadas soperas de vinagre de estragón
2 cucharadas soperas de aceite fino
Sal normal.

Limpiaremos las habichuelas de forma que no tengan hilos y procederemos a cocerlas, después de cortadas en forma de juliana gruesa (fileteadas) en un puchero, al fuego, con agua y sal corriente a la que añadiremos el bicarbonato al objeto de que queden muy verdes de color. Ya cocidas las escurriremos.

Pelaremos los huevos duros y los cortaremos en rodajas uniéndolos a las habichuelas y arreglando, ambas cosas, con un poco de sal fina, aceite y vinagre. Lo serviremos como plato frío.

72. Habichuelas verdes a la sevillana

Ingredientes para 4 personas:

1 kilo de habichuelas verdes
Agua
Sal
Pimienta blanca en polvo
100 gramos de manteca de cerdo
1 cucharada sopera de vinagre.

Limpiaremos bien las habichuelas quitándoles todos los filamentos y dándoles un ligero hervor, en un puchero al fuego, con agua y sal. Una vez hervidas las pasaremos por agua fría, para que queden verdes. Disponerlas en una fuente y echarles sal y pimienta. En una sartén, al fuego, derretiremos la manteca y la incorporaremos a la verdura; en la misma sartén calentaremos el vinagre y lo verteremos también a las habichuelas.

73. Habas a la rondeña

Ingredientes para 4 personas:

3 kilos de habas tiernas
2 huevos duros
100 gramos de jamón propio para

En una cazuela al fuego echaremos el aceite y, cuando esté caliente, agregaremos la cebolla, el perejil, el ajo y el tomate, sin piel y todo muy picado. Taparemos la cazuela, y cuando empiecen a tomar color adicionaremos las habas, desgrana-

guisar
1 cucharilla de café de pimentón rojo dulce
Perejil fresco
Sal
2 cucharadas soperas de pan rallado
1 tomate fresco
1 decilitro de aceite
1 cebolla
1 diente de ajo
Agua.

das, y el jamón cortado en trocitos. Lo dejaremos que se haga muy despacio, añadiéndole una tacita de agua y sazonándolo con sal. Cuando las habas estén muy tiernas espesaremos la salsa con el pan rallado.

Echaremos las habas a la fuente adornándolas con las rodajas de los huevos duros.

74. Habas verdes a la granadina

Ingredientes para 4 personas:
3 kilos de habas frescas
1 diente de ajo
2 tomates grandes
50 gramos de miga de pan
3 cebollas
1 taza de desayuno de aceite
1 docena de alcachofas pequeñitas y frescas
1/2 hoja de laurel
Un poco de hierbabuena
Perejil fresco
Unas hebras de azafrán
2 cominos
1 grano de pimienta
4 huevos
Sal
Agua.

Desgranaremos las habas y las pondremos a cocer en un puchero, al fuego, con agua y sal.

En una sartén al fuego con el aceite freiremos la cebolla pelada y picada, así que esté dorada le agregaremos el tomate pelado y picado.

Cuando rompa a hervir el agua con las habas, les quitaremos este agua y, ya secas, las echaremos a una cazuela de barro, donde les agregaremos el sofrito, moviéndolas con una cuchara y agregando agua hasta cubrirlas, así como un ramillete formado por el laurel, perejil y hierbabuena, y la docena de alcachofas previamente limpias, y un poco fritas. Taparemos la cazuela dejándolas hervir hasta que se consuma la mitad del caldo, añadiremos entonces un majado hecho con el azafrán, comino, pimienta y miga de pan frita de antemano y remojada en agua para que espese la salsa. Hervir ahora unos 10 minutos más.

Poco antes de servir las habas, cuajaremos los huevos sobre ellas y las serviremos en la misma cazuela, cuando veamos los huevos en su punto.

75. Habas tiernas con jamón de Trevélez

Ingredientes para 4 personas:
3 kilos de habas pequeñas y tiernas
1 ½ decilitros de aceite
100 gramos de jamón de Trevélez.

Echaremos el aceite, en una cazuela al fuego, y rehogaremos en él el jamón cortado en lonchas; una vez frito lo reservaremos.

Desgranaremos las habas y las incorporaremos a la cazuela, dejándolas freír despacio y dándoles vueltas; a medio freír, agregaremos nuevamente el jamón, con el que terminarán de freírse, procurando que las habas queden enteras.

Sazonaremos con sal y las serviremos.

NOTA.—Esta receta no saldrá bien si las habas no son de las primerizas y muy tiernas.

76. Boronia o alboronia

Ingredientes para 4 personas:

750 gramos de berenjenas
3 pimientos verdes
1/2 kilo de tomates
7 cucharadas soperas de aceite
1/2 cucharilla de café de pimienta blanca en polvo
250 gramos de calabaza amarilla
250 gramos de cebollas
1 cucharilla de café de pimentón rojo dulce
1 cucharada sopera de harina
Sal
Agua.

Cortaremos las berenjenas a cuadritos, después de peladas; picaremos en trozos menuditos el pimiento, el tomate, la cebolla y la calabaza.

En una sartén honda al fuego echaremos el aceite y esperaremos a que se caliente, echando entonces la cebolla y, cuando empiece a dorarse, añadiremos las berenjenas, calabaza, pimientos y por último, los tomates. Lo taparemos y dejaremos rehogar bien y, entonces agregaremos el pimentón rojo y la harina y un poco de pimienta, adicionaremos una taza de desayuno de agua.

Lo dejaremos cocer, poco a poco, hasta que todo esté en su punto. Lo serviremos en una fuente.

77. Chocos con habas

Ingredientes para 4 personas:

1 kilo de chocos [1]
1/2 kilo de habas tiernas desgranadas
1 taza de desayuno de agua caliente
3 dientes de ajo
Sal
4 cucharadas soperas de aceite.

Echaremos el aceite en una cazuela de barro y pondremos ésta al fuego; cuando esté caliente, le incorporaremos los dientes de ajo picados, dejándolos dorar y añadiendo entonces los chocos, debidamente limpios y troceados. Taparemos y que se rehoguen unos 10 minutos, al cabo de los cuales adicionaremos las habas y la taza de agua caliente, echaremos la sal y que cueza, tapado, hasta que esté el choco muy tierno.

[1] Jibia pequeña.

78. Guisantes con lechugas

Ingredientes para 4 personas:
500 gramos de guisantes desgranados
4 lechugas
Agua
Sal
2 dientes de ajo
50 gramos de jamón propio para guisar
50 gramos de mantequilla o margarina
Nuez moscada
Pimienta blanca en polvo.

Limpiaremos las lechugas, dejándoles sólo la parte más blanca, la cual cortaremos finamente. Pondremos a cocer, por un lado, los guisantes (en agua y sal y en un puchero al fuego); por el otro, las lechugas (de igual forma que los guisantes).

Una vez que las dos verduras estén ya cocidas y escurridas las reservaremos.

En una cazuela de barro, al fuego, con la mantequilla o margarina, freiremos los dientes de ajo picados, y el jamón cortado a cuadros, incorporaremos las verduras a las que echaremos sal, pimienta blanca y un poco de nuez moscada rallada. Las rehogaremos y serviremos a la mesa en la misma cazuela de barro en la que se cocinaron.

79. Guisantes del tiempo con jamón

Ingredientes para 4 personas:
1 kilo de guisantes frescos desgranados
Agua
Sal
100 gramos de jamón propio para guisar
2 dientes de ajo picados
3 cucharadas soperas de aceite
1 cucharada sopera de jugo de carne.

Pondremos un puchero al fuego, con agua y sal, y en él coceremos los guisantes. Una vez hechos los escurriremos y reservaremos.

En el aceite, puesto en una sartén al fuego, freiremos los ajos junto con el jamón picado y le agregaremos el jugo de carne, rehogando en todo esto los guisantes, a los que añadiremos una pizca de sal.

Los presentaremos en una fuente.

80. Guisantes salteados

Ingredientes para 4 personas:
1 kilo de guisantes desgranados
Agua
Sal
1 cebolla
1 limón
2 cucharadas de jugo de carne
Trocitos de pan fritos
3 cucharadas soperas de mantequilla (no margarina).

Coceremos los guisantes en agua y sal. Una vez cocidos los escurriremos del agua. Pondremos la mantequilla al fuego y en ella freiremos la cebolla picada, añadiendo después los guisantes, el jugo de carne y el zumo de limón, colado. Rehogarlo bien y servirlo en una fuente con los trocitos de pan fritos por encima.

81. Espárragos con huevos cuajados

Ingredientes para 4 personas:
2 manojos de espárragos frescos [1]
Agua
Sal
4 huevos [2]
2 dientes de ajo
3 cucharadas soperas de aceite
1 cucharilla de café de pimentón rojo dulce
1 cucharilla de café de pan rallado
4 cucharadas soperas de caldo de carne [3]
1/2 cucharilla de café de vinagre.

Limpiaremos los espárragos y los coceremos en agua, con sal, en una cazuela que queden bien cubiertos. Una vez hechos aprovecharemos sólo las puntas o yemas.

Echaremos el aceite en un recipiente, al fuego, y en él freiremos los dientes de ajo cortados en ruedecitas, una vez dorados incorporar las puntas o yemas de espárragos, el pimentón, el pan rallado, el vinagre y el caldo de carne, moviendo el recipiente. Probaremos de sal.

Dispondremos cuatro platos individuales de horno y en ellos repartiremos lo anteriormente preparado, cascando un huevo en su centro y metiendo, estos platitos, a horno caliente a que cuajen. La clara debe salir hecha y la yema blanda.

---

[1] Puede hacerse este plato con puntas de espárragos de lata.
[2] En vez de 1 huevo por persona hay quien pone 2.
[3] Puede ser de cubitos.

82. Espárragos a la sevillana

Ingredientes para 4 personas:
10 manojos de espárragos [1]
100 gramos de corteza de pan
2 dientes de ajo
1 taza de desayuno de aceite
Sal
Agua
1 cucharada sopera de pimentón rojo dulce.

En una cazuela al fuego con el aceite freiremos los ajos picados y la corteza de pan, los retiraremos una vez dorados, y echaremos en el aceite las puntas de espárragos (ya cocidas) y el pimentón. Añadiremos ahora los ajos y el pan reservados dejándoles cocer lentamente, unos 15 ó 20 minutos.

---

[1] Pueden ser latas de puntas de espárragos.

83. Espárragos amargueros

Ingredientes para 4 personas:
10 manojitos de espárragos
Una miga de pan
1 cucharada sopera de pimentón rojo dulce
4 huevos
2 cucharadas soperas de vinagre
3 dientes de ajo
1 decilitro de aceite

Cortaremos las puntas de los espárragos.

En una cazuela al fuego pondremos a calentar el aceite y freiremos en él la miga de pan, retirándola a un plato y agregando por encima las dos cucharadas de vinagre para que se empape.

En el aceite de la cazuela incorporaremos uno de los dientes de ajo, y cuando esté bien dorado, lo retiraremos y echaremos al mortero.

Sal
1 grano de pimienta.

Pondremos en la cazuela los espárragos y los dos dientes de ajo restantes cortados en rodajas finas y rehogaremos un rato, dándole la vuelta con la cuchara de madera, y agregando después la cucharada de pimentón.

Majaremos en el mortero el ajo y la pimienta, agregando la miga de pan empapada en vinagre y formando una pasta que desleiremos con un poco de agua y echaremos sobre los espárragos. Sazonaremos con sal y, cuando estén tiernos los espárragos, escalfaremos sobre ellos los huevos, metiendo la cazuela al horno hasta que los huevos estén hechos.

84. Espárragos trigueros a la andaluza

Ingredientes para 4 personas:
2 manojos de espárragos trigueros
1 cucharada sopera de harina
1 rebanada de pan
1 vasito de vino de vino blanco
5 cucharadas soperas de aceite
Unas hebras de azafrán
2 dientes de ajo
Pimienta blanca en polvo
3 cominos
Sal
Agua.

Coceremos los espárragos en agua y sal. Mientras tanto, y en una sartén al fuego con parte del aceite, freiremos los ajos y el pan; ya dorados los retiraremos a un mortero machacándolos bien junto con el azafrán, los cominos y una cucharada de aceite, del empleado para freír los ajos, le añadiremos un poco de agua hirviendo para desleír perfectamente todo.

En la sartén al fuego doraremos la harina y le añadiremos un poco de agua y el vino blanco, así como la mezcla del mortero. Sazonaremos con sal y pimienta y lo dejaremos hervir, todo junto, unos minutos. Ya cocidos los espárragos, y bien escurridos, los colocaremos en una fuente cubriéndolos con la salsa muy caliente.

Este plato, llamado también «revoltijo de espárragos», es muy famoso en toda Andalucía.

85. Remolachas aliñadas y con huevos

Ingredientes para 4 personas:
2 manojos de remolachas
Agua
Sal corriente
6 huevos duros
Sal fina
4 cucharadas soperas de vinagre.

Coceremos las remolachas, en agua y sal, con la piel hasta que al pincharlas se vean tiernas.

Escurridas y frías las pelaremos cortándolas en rodajas. Pelaremos los huevos y los cortaremos en discos, uniendo ambas cosas en una fuente y aliñándolo todo con sal fina, aceite y vinagre. Servir como plato frío.

86. Remolachas con atún

Ingredientes para 4 personas:
2 manojos de remolachas
Agua
Sal corriente
250 gramos de atún en aceite
2 dientes de ajo
Perejil fresco
Sal fina
4 cucharadas soperas de aceite
2 cucharadas soperas de vinagre.

Coceremos las remolachas en agua y sal, en un puchero al fuego, hasta que estén bien hechas. Antes de que se enfríen, pelar y cortar a cuadritos (o como se desee) uniéndo en una fuente, el atún.

Picaremos los dientes de ajo y un poco de perejil fresco, echándoselo por encima, así como un poco de sal, el aceite y el vinagre. Revolver bien el conjunto y servir.

87. Menestra a la rondeña

Ingredientes para 4 personas:
4 alcachofas frescas
500 gramos de guisantes desgranados
500 gramos de habas sin vaina
3 cucharadas soperas de puré de tomate
1 litro o más de caldo de carne [1]
1 morcilla de Ronda
1 cebolla
4 cucharadas soperas de aceite.

Limpiaremos las alcachofas, dejando lo más comestible, y las coceremos en agua y sal. Haremos lo mismo con los guisantes y las habas; una vez las tres cosas cocidas, las escurriremos de su caldo y reservaremos.

En una cazuela de barro, al fuego, con el aceite freiremos la cebolla pelada y picada, le añadiremos el puré de tomate y las verduras, rehogando todo perfectamente y cubriéndolo todo con el caldo.

Cortaremos en ruedas la morcilla de Ronda y las añadiremos a la menestra, que cocerá ahora unos 10 minutos más, sirviéndola seguidamente a la mesa en la misma cazuela.

---

[1] Puede ser de cubitos.

88. Calabacines rellenos al estilo de Andalucía

Ingredientes para 4 personas:
4 calabacines
2 huevos duros
Sal
2 cebollas
1 tazón de caldo
50 gramos de aceitunas sin hueso

Pelaremos los calabacines vaciándolos, por un extremo, con el ahuecador, o bien, con una cucharilla.

Echaremos un poco de aceite en una sartén al fuego y freiremos una de las cebollas muy picada, y cuando esté dorada, le añadiremos la carne con sal, rehogando bien, ya pasada la retiraremos del fuego añadiéndole las aceitunas pica-

50 gramos de pasas
100 gramos de carne picada [1]
2 cucharadas soperas de almendra rallada
1 vasito de vino, de vino blanco
1/4 de litro o más de aceite
4 cucharadas soperas de harina
2 huevos crudos.

ditas y las pasas, a las que habremos quitado las semillas, así como los huevos duros pelados muy picados; con todo ello rellenaremos los calabacines, que taparemos con un casco de cebolla muy fino para que el relleno no se salga; los pasaremos por la harina (reservando un poco de ésta) y los huevos batidos y los freiremos en abundante aceite (pero reservando un poco).

Una vez fritos los colocaremos en una cazuela cubriéndolos con la siguiente salsa: freiremos la otra cebolla picada fina y cuando comience a dorarse le añadiremos una cucharada de harina y el vino blanco, así como el tazón de caldo (que puede ser de cubitos). Colaremos la salsa por un pasador fino, disponiéndola sobre los calabacines, que dejaremos cocer hasta que estén tiernos.

Una vez cocidos los colocaremos en una fuente, con cuidado de no deshacerlos y echándoles su salsa por encima, a la que habremos añadido la almendra rallada. Si la salsa se pone muy espesa la aclararemos con otro poco de caldo.

[1] Puede ser de cerdo o de ternera.

89. Liadillos sevillanos [1]

Ingredientes para 4 personas:

1 docena de hojas de col blanca
100 gramos de carne picada (puede ser de ternera, cordero, pollo o cerdo)
50 gramos de tocino
50 gramos de jamón
50 gramos de manteca de cerdo
Un poco de nuez moscada
10 aceitunas negras
2 huevos
6 cucharadas soperas de pan rallado
Sal
Agua
3 cucharadas soperas de aceite.

Una vez lavadas las hojas de col las coceremos en agua caliente y sal durante 5 minutos, pasados los cuales las escurriremos bien, dejándolas enfriar.

Rehogaremos la carne en una sartén al fuego con el aceite añadiéndole un poco de nuez moscada y sal; la retiraremos a un plato y añadiremos a la sartén el tocino y el jamón cortados ambos a trozos, así como las aceitunas negras sin hueso. Con este picadillo rellenaremos las hojas de col; para que no se salga el relleno pondremos un palillo o bien las ataremos con un cordel muy fino. Las rebozaremos con los huevos batidos y pan rallado friéndolas en la manteca de cerdo.

Quitaremos el cordel (si se trata de palillos se pueden dejar), y las colocaremos en una fuente, sirviéndolas muy calientes.

[1] Receta muy parecida a la de «Coles rellenas».

90. Tirabeques [1] rellenos

Ingredientes para 4 personas:

500 gramos de tirabeques
100 gramos de carne de ternera
50 gramos de jamón
1/4 litro de aceite
Pimienta blanca en polvo
Sal
1 huevo
4 cucharadas soperas de harina
Agua.

Una vez estofada o frita la carne, la picaremos muy menuda, así como el jamón; ya picados, les echaremos sal y pimienta. Coceremos los tirabeques (procurando que sean del mayor tamaño posible), quitándoles los hilos que tienen a los lados. Una vez cocidos, los abriremos por un lado rellenándolos con el picadillo de carne y jamón. Seguidamente los rebozaremos en la harina y los huevos batidos y los freiremos en abundante aceite, que estará muy caliente.

[1] Guisante con vaina que nunca se desgrana.

91. Cebollas y tomates rellenos

Ingredientes para 4 personas:

8 cebollas
8 tomates
4 cucharadas soperas de harina
1/2 litro de caldo [1]
1 cucharilla de café de perejil picado
300 gramos de picadillo de carne
2 decilitros de aceite
Sal
2 huevos
2 cucharadas soperas de harina
1 vasito de vino lleno de vino blanco.

Lavaremos bien los tomates y los pelaremos; lavaremos las cebollas, ahuecándolas por la parte superior con un aparato apropiado. Seguidamente los rellenaremos con el picadillo de carne, rebozándolos, por la parte del picadillo, en la harina y los huevos batidos. Los freiremos ligeramente en la mitad del aceite muy caliente, cuidando de que no se deshagan. Una vez fritos los colocaremos en una tartera, vertiendo sobre ellos una *salsa rubia* que haremos con el otro decilitro de aceite, la cebolla, las dos cucharadas de harina, el perejil y el caldo, dejándolos cocer suavemente unos 20 minutos.

Cómo haremos la *salsa rubia:*

Pondremos al fuego una sartén con el aceite y cuando esté bien caliente freiremos en él la cebolla. Una vez frita, agregaremos el perejil, la sal y la harina, rehogando ésta hasta que la veamos dorada. Llegado a este punto, añadiremos el vino blanco y el caldo hirviendo, poco a poco, sin dejar de revolverlo con una cuchara de madera para que no se formen grumos. Añadido todo el caldo, dejaremos hervir la salsa unos 5 minutos.

[1] Puede ser de cubitos.

92. Zanahorias salteadas con apio

Ingredientes para 4 personas:

6 zanahorias tiernas
1 tronco o manojo completo de apio
Agua
Sal
100 gramos de jamón propio para guisar
4 cucharadas soperas de aceite
1 cucharada sopera de jugo de carne
2 dientes de ajo.

Limpiaremos bien las zanahorias, raspándolas o pelándolas, así como prepararemos el apio para cocer. Lo lavaremos y coceremos en un puchero, al fuego, con agua y sal. Una vez cocidos los escurriremos y cortaremos a trozos.

En una cazuela, al fuego, echaremos el aceite y freiremos en ella los ajos pelados y picados, y el jamón cortado a trozos, añadiendo las verduras que se rehogarán bien con la grasa, ajos y jamón, echaremos el jugo de carne y las serviremos en una fuente.

93. Ensalada de patatas cocidas

Ingredientes para 4 personas:

1/2 kilo de patatas todas iguales
8 langostinos
Agua
Sal corriente
Sal fina
4 dientes de ajo
Perejil fresco
1 cucharada sopera de vinagre
2 cucharadas soperas de aceite fino.

Escogeremos patatas que no se deshagan; las cepillaremos bien y pondremos a cocer, en un puchero al fuego, con agua y sal.

Lavaremos los langostinos y los coceremos con agua y sal (bastante sal).

Una vez ambas cosas cocidas las escurriremos y pelaremos antes de que se enfríen del todo. Cortaremos las patatas en ruedas y las colas de langostinos las dejaremos enteras. Dispondremos todo en una fuente.

Picaremos los ajos junto con un poco de perejil y los echaremos en un tazón o cuenco hondo añadiéndoles el vinagre, sal fina y el aceite y batiéndolo un poco lo verteremos sobre la ensalada. La dejaremos en lugar fresco hasta el momento de servirla a la mesa. Los caparazones de los langostinos pueden ir por encima, hay quien sabe comerlos y aprovecharlos.

94. Ensalada de tomates y pepinos

Ingredientes para 4 personas:

4 tomates maduros, pero frescos y firmes que sean gordos
2 pepinos

Lavaremos los tomates y pelaremos los pepinos y la cebolla, esta última la cortaremos en ruedas que, con los dedos, dispondremos en forma de aros. Los tomates y pepinos también los trocearemos en rodajas; los pimientos, sin semillas ni

1 cebolla
1 pimiento verde o rojo fresco
2 cucharadas soperas de aceite
1 cucharada sopera de vinagre
Sal fina

rabos, irán a tiras. Uniremos todo ello en una fuente y lo aliñaremos echándole sal fina, el aceite y el vinagre. Con dos tenedores, mejor de madera, removeremos la ensalada y la serviremos después de haberla dejado reposar de 5 a 10 minutos.

95. Ensalada de legumbres

Ingredientes para 4 personas:

400 gramos de habichuelas verdes
2 zanahorias
2 remolachas
Agua
Sal
3 cucharadas soperas de aceite
2 cucharadas soperas de vinagre
Sal fina.

Limpias las habichuelas de hilos, las coceremos en agua con sal. En pucheros, aparte, coceremos a su vez las zanahorias y las remolachas, también en agua y sal.

Todo hecho lo escurriremos y procederemos a pelarlo, aún caliente, dejándolo enfriar después.

Una vez frío lo cortaremos en tiras y las dispondremos en una fuente, uniendo todo bien y aliñándolo con sal, aceite y vinagre.

Esta ensalada está mucho mejor si se sirve muy fría.

96. Ensalada andaluza

Ingredientes para 4 personas:

4 pimientos morrones de lata
2 cebolletas frescas
2 tazones de desayuno llenos de arroz blanco, hervido
Perejil fresco
150 gramos de aceitunas verdes sevillanas
1 diente de ajo
2 tomates del tiempo
Sal fina
2 cucharadas soperas de aceite
1 cucharada sopera de vinagre.

Picaremos los pimientos, las cebolletas y los tomates. Con el arroz formaremos como un molde o flan, que colocaremos en el centro de un plato-fuente redondo. Alrededor, y lo más artísticamente posible, distribuiremos los pimientos, cebolletas, tomates y aceitunas. Picaremos el diente de ajo y perejil y lo esparciremos sobre el arroz. Por último aliñaremos el conjunto con sal, aceituna y vinagre.

97. Ensalada a la casera

Ingredientes para 4 personas:

3 escarolas
3 dientes de ajo
3 cucharadas soperas de aceite

Lavaremos las escarolas y escogeremos lo más blanco de ellas, picándolo mucho y poniéndolo en la fuente que luego vaya a ir a la mesa.

En una sartén, al fuego, con el aceite freiremos los dientes

Sal
2 cucharillas de café de vinagre
1 cucharilla de café de pimentón rojo dulce.

de ajo cortados en rodajitas, ya fritos los separaremos del fuego y añadiremos el pimentón y el vinagre. Cuando todo esté frío lo volcaremos sobre la ensaladera.

98. Ensalada a la almoraina

Ingredientes para 4 personas:

2 escarolas
Algo menos de 1/2 cucharilla de café de cominos
1 diente de ajo grande
1 cucharilla de café de pimentón dulce o picante
2 tomates medianos bien rojos
6 cucharadas soperas de aceite fino
3 cucharadas soperas de buen vinagre
Sal fina.

Limpiaremos las escarolas desechando las hojas mustias y verdes, y aprovechando sólo las blancas y tiernas, las cortaremos, cada una, en dos o tres trozos, poniéndolas a remojo en agua fría.

Majaremos al mortero los cominos y seguidamente el ajo, luego agregaremos el pimentón y unas gotas de aceite y, por último, quitaremos la piel y las semillas a los tomates y los trocearemos echándolos al mortero y reduciendo todo a una pasta muy fina, que la diluiremos con el aceite y el vinagre.

Escurriremos bien la escarola y la pondremos en la fuente, espolvoreándole sal y regándola con el majado del mortero. Mezclaremos todo muy bien. Podemos acompañarla con aceitunas negras aliñadas y trozos de huevos duros.

99. Ensalada triana

Ingredientes para 4 personas:

2 escarolas
3 tomates
1 cebolla
3 cucharadas soperas de aceite
2 cucharadas soperas de vinagre
50 gramos de aceitunas
Sal fina.

Quitaremos los tallos a las escarolas y las lavaremos en agua fría. Así mismo, lavaremos los tomates, cortándolos en rodajas. La cebolla también la cortaremos en rodajas. Todo ello lo rociaremos con el aceite y el vinagre y lo sazonaremos con sal. Una vez bien mezclado dispondremos la escarola en una fuente y alrededor de ella, el tomate y la cebolla, colocando una aceituna sobre cada rodaja de tomate.

100. Entremés andaluz

Ingredientes para 4 personas:

4 tomates
6 huevos duros

Los tomates serán de tamaño mediano; después de lavados, los cortaremos en ruedas, colocándolos en la fuente. Pelaremos los huevos duros, cortándolos en ruedas, estas ruedas

1 cucharada sopera de salsa Mostaza
2 dientes de ajo picados
Perejil fresco picado
Sal fina
2 cucharadas de vinagre
1 taza de desayuno de aceite fino.

irán sobre los tomates, hasta que estén todas bien colocadas; uniremos la cucharada de mostaza con los dientes de ajo picados, perejil, sal y vinagre, y agregaremos aceite fino, trabajando esta salsa para que se una bien; con ella regaremos la ensalada, que serviremos muy fría.

101. Remojón

(Plato frío de Granada)

Ingredientes para 4 personas:

3 huevos duros
6 naranjas
6 cebolletas
4 cucharadas soperas de aceite
1 diente de ajo
Sal
500 gramos de bacalao seco
100 gramos de aceitunas aliñadas partidas
1 cucharilla de café de pimentón rojo dulce
1 cucharilla de café de vinagre.

Asaremos el bacalao en la placa del horno, hasta que lo veamos tostadito. Lo desalaremos en un poco de agua partiéndolo a tiras.

Cortaremos en ruedas las naranjas peladas y las mezclaremos en una fuente con el bacalao, agregando las aceitunas deshuesadas y las cebollas picadas. Aliñaremos con el aceite, el vinagre, el pimentón y un poco de sal y ajo machacado. Revolveremos bien, adicionando una jícara de agua y los huevos cocidos pelados y picados, sirviéndola a continuación.

Este plato es típico en toda Andalucía.

102. Pipirrana

(Plato típico de verano)

Ingredientes para 4 personas:

3 pimientos verdes
2 cebollas
4 tomates
2 pepinos
3 cucharadas soperas de aceite
2 cucharadas soperas de vinagre
Sal fina.

Lavado todo lo picaremos menudísimo y lo aliñaremos con el aceite, el vinagre y sal, dejándolo un rato para que se impregne bien y sirviéndolo como ensalada en una fuente y siempre muy frío.

103. Salmorejo

Ingredientes para 4 personas:

4 tomates
1/4 de litro o más de aceite
3 cucharadas soperas de vinagre
6 huevos duros

Machacaremos los tomates con los ajos y un poco de sal. Cuando todo esté machacado le agregaremos la miga de pan, empapada en agua, y estrujada con la mano. Una vez todo mezclado agregaremos, poco a poco, aceite, labrándolo bien hasta convertirlo en una pasta fina.

2 dientes de ajo
100 gramos de miga de pan fresco
Agua
Sal fina
4 trozos de buen jamón.

Añadiremos el vinagre y verteremos todo en una fuente, cubriéndolo con los huevos duros, pelados y cortados y los trozos de jamón.

104. Patatas a la flamenca

Ingredientes para 4 personas:

1 kilo de patatas
Agua
50 gramos de manteca de cerdo
Sal fina
Salsa fría.

Coceremos en un puchero al fuego, con agua ligeramente salada las patatas con su piel, procurando que sean todas del mismo tamaño. Una vez cocidas, las pelaremos y pondremos enteras, en otra cacerola con la manteca, rehogándola 5 minutos, y espolvoreándolas con sal fina. Las serviremos en una fuente cubiertas con una salsa fría[1]. En lugar de salsa fría podemos optar por batir aceite, vinagre y un poco de mostaza, aliñando con ello las patatas.

[1] Consultar capítulo I. Salsas.

105. Patatas a la malagueña

Ingredientes para 4 personas:

1 kilo de patatas
100 gramos de aceitunas sin hueso
2 cebollas
200 gramos de tomates frescos
Perejil fresco
Un poco de apio blanco y tierno
2 dientes de ajo
1 cucharada de pimentón rojo dulce
Sal
Pimienta blanca en polvo
Agua
2 huevos duros
5 cucharadas soperas de aceite.

Pelaremos las patatas, las trocearemos y las dejaremos en agua fría, para que no se ennegrezcan.

Echaremos el aceite en una cazuela al fuego y freiremos en ella las cebollas, peladas y trinchadas y el apio (muy menudo); cuando hayan tomado color les agregaremos los tomates mondados y picados, el pimentón, los dientes de ajo picados, perejil trinchado, las patatas, sal, pimienta en polvo y las aceitunas cortadas por su mitad. Que cuezan poco a poco, con un litro o más de agua. Cuando las veamos tiernas se pueden sacar a una fuente echándoles, por encima, los huevos pelados y picados.

106. Patatas en ajopollo

Ingredientes para 4 personas:

1 kilo de patatas
1 papeleta de azafrán

Pelaremos las patatas cortándolas a trozos regulares, que pondremos en una cazuela al fuego y cubriremos con agua fría.

2 dientes de ajo
1 rebanada de pan
1 ramo de perejil fresco
1 decilitro de aceite
12 almendras
Pimienta blanca en polvo
Sal.

Calentaremos el aceite en una sartén al fuego y en él freiremos la rebanada de pan, las almendras, los dientes de ajo y el perejil. Frito todo, lo echaremos en el mortero, donde lo machacaremos con el azafrán y la pimienta; hecho una pasta, le agregaremos un poco de agua y echaremos todo a la cazuela, sobre las patatas, adicionando también el aceite de haberlos frito, sazonaremos con sal y pondremos a hervir la cazuela al fuego, poco a poco, hasta que las patatas estén tiernas.

107. Patatas con rape

Ingredientes para 4 personas:
1 kilo de patatas
400 gramos de rape cortado a trozos
4 cucharadas de aceite
2 cebollas
2 tomates
2 pimientos frescos verdes o rojos
Unas hebras de azafrán
Una cucharada sopera de pimentón rojo dulce
1 limón
Sal
Agua.

Pelaremos las patatas y las cortaremos a trozos irregulares. Echaremos el aceite en una cazuela, al fuego, y en ella prepararemos un sofrito con las cebollas, peladas y picadas, tomates (pelados y trinchados) y los pimientos sin semillas ni rabo y cortados a trozos.

Incorporaremos las patatas, sal, el azafrán, el pimentón, el zumo del limón colado y las cubriremos con agua dejándolas cocer, sin que se rompan, hasta que se vean tiernas. Servirlas recién hechas.

108. Patatas con bacalao

Ingredientes para 4 personas:
1 kilo de patatas
400 gramos de bacalao seco
4 cucharadas de aceite
1 cebolla
2 tomates maduros
1 pimiento verde
Unas hebras de azafrán
Pimienta blanca en polvo
Agua
Sal.

Pondremos una cazuela, al fuego, con el aceite y en ella haremos un fondo o sofrito con la cebolla pelada y picada, los tomates reducidos a puré y el pimiento verde troceado. Añadiremos las patatas peladas y cortadas en pedazos, las rehogaremos bien, añadiéndoles el bacalao asado a la parrilla y desalado, un poco de pimienta, el azafrán, agua y sal si es preciso, pues el bacalao siempre suelta un poco.

109. Patatas con raya

Ingredientes para 4 personas:

1 kilo de patatas
600 gramos de raya cortada en trozos
4 cucharadas soperas de aceite
2 cebolletas picadas
1 tomate gordo
1 pimiento verde
Agua
1 limón
Sal
1 cucharada sopera de pimentón rojo dulce
Unas hebras de azafrán
1 diente de ajo.

Picaremos las cebolletas, el tomate (escaldado) y el pimiento verde, sin pepitas y rabo. En una sartén grande, con el aceite al fuego, hacer un sofrito con lo anteriormente picado. Rehogaremos el pescado y las patatas (peladas y troceadas) en el sofrito y lo pasaremos todo a una cazuela, añadiéndole el zumo del limón colado, sal, el pimentón y el azafrán y el diente de ajo muy picado y poniendo la cazuela al fuego. Adicionaremos la suficiente agua para cubrirlo y que cueza todo hasta que veamos las patatas, y el pescado, muy tiernos, pero enteros.

110. Patatas con chorizo

Ingredientes para 4 personas:

1 kilo de patatas
4 chorizos andaluces
2 tomates maduros
2 pimientos verdes frescos
1 cebolla
6 cucharadas soperas de aceite
Unas hebras de azafrán
1 cucharada sopera de pimentón rojo dulce
Caldo de carne [1]
Sal.

Empezaremos por preparar un buen sofrito friendo aceite, puesto en una cazuela al fuego, la cebolla picada, los tomates bien chafados y los pimientos verdes cortados a tiras y desprovistos de las pepitas. Pelaremos las patatas cortándolas a cascos y las incorporaremos al sofrito, añadiendo sal, el azafrán y el pimentón.

Cubriremos las patatas con el caldo y a mitad de su cocción incorporaremos los chorizos cortados a trozos, y que se hagan despacio, pero sin dejar de cocer hasta que las veamos tiernas.

[1] Puede ser de cubitos.

111. Ajoharina de Jaén

Ingredientes para 4 personas:

1 kilo de patatas
2 dientes de ajo
1 cucharilla de café de pimentón rojo dulce
5 cucharadas soperas de aceite
Sal
1 pimiento seco

Freiremos en una cazuela, con el aceite y puesta al fuego, el pimiento; ya frito lo retiraremos y reservaremos; en el mismo aceite echaremos las patatas peladas y partidas finas; rehogaremos bien, añadiéndolas el pimentón y cubriéndolas con agua hirviendo. Lo dejaremos cocer.

Majaremos en el mortero los ajos, el pimiento frito anteriormente y un poco de pimienta, y también la cucharada de

1 cucharada sopera de harina
Un poco de pimienta blanca en polvo
Agua.

harina; desleiremos todo esto con un poco del caldo de cocer las patatas y lo añadiremos a éstas. Echaremos la sal necesaria y lo dejaremos hacer hasta que las patatas estén en su punto. Lo serviremos muy caliente.

112. Ajo colorado
(Plato típico de Cuevas de Almanzora)

Ingredientes para 4 personas:
1/2 kilo de patatas
6 pimientos secos
150 gramos de tomate
50 gramos de cebolla
5 cucharadas soperas de aceite
2 dientes de ajo
4 granos de cominos
Sal
Agua.

Pelaremos las patatas enteras y las pondremos a cocer, en poco agua, en un puchero al fuego, con los pimientos sin pepitas y la cebolla pelada, hasta que las patatas estén tiernas.

Machacaremos en un mortero los ajos, los cominos y las patatas con los pimientos (bien escurridos del agua) y cuando todo esté hecho como un puré muy espeso le iremos agregando, poco a poco, el aceite, batiendo bien para que la masa lo absorba. Esto lo desleiremos con un poco del agua de haber cocido las patatas y lo serviremos con unos «bollos de panizo» (de los cuales damos a continuación la receta).

113. Bollos de panizo
(Para comer con el ajo colorado)

Ingredientes para 4 personas:
2 tazas de desayuno de harina de maíz
1 taza de desayuno de agua
Una pulgarada de bicarbonato
Sal
1 decilitro de aceite.

Hay que preparar los bollos 2 horas antes de ir a freirlos.

Mezclaremos la harina de panizo (maíz) con el agua, el bicarbonato y la sal.

Pasadas 2 horas calentaremos el aceite en una sartén grande, al fuego. Humedeceremos las manos con un poco de agua, y tomando un poco de masa la extenderemos en la palma de la mano pasándola de una a otra (sin que se pegue) y echándola rápidamente en el aceite muy caliente. Con la rasera les echaremos aceite por encima para que suban, y muy dorados los retiraremos y serviremos calientes y junto con el «Ajo colorado».

Capítulo V

VARIOS

114. Migas corrientes
115. Migas de Córdoba
116. Migas a la serrana
117. Migas de matanza
118. Gachas malagueñas
119. Gachas gaditanas
120. Caracoles a la andaluza
121. Guisado de caracoles
122. Jamón al jerez
123. Jamón en salsa de gitanos
124. Jamón empanado y frito
125. Salchichas al jerez
126. Rapidillos
127. Granadina (pudin)
128. Galianos (harina y aceite)
129. Alegrías de sémola
130. Marinada de peros agridulces
131. Buñuelos de patata
132. Buñuelos de gambas
133. Empanadillas de aceitunas
134. Fritos originales.

114. Migas corrientes

Ingredientes para 4 personas:

600 gramos de pan de unos dos días por lo menos
1 cucharada de pimentón rojo dulce [1]
1 clavo
2 cominos
8 cucharadas soperas de aceite de oliva
2 dientes de ajo
Sal
Agua.

Cortaremos el pan en cuadritos de 1 centímetro, utilizando miga y corteza, o mejor, haremos pedacitos con el pan valiéndonos de los dedos, salen más en su punto que cortados con el cuchillo.

Puestas en una fuente y bien desparramadas las salpicaremos con agua y las echaremos sal, cubriéndolas con una servilleta humedecida; así se dejará por lo menos 5 horas (hay quien las deja de un día para otro).

Pasado el tiempo citado echaremos el aceite en una sartén honda, al fuego, friendo en él los dientes de ajo enteros que, una vez dorados, retiraremos incorporando las migas y revolviéndolas con una espumadera hasta verlas muy doradas, pero sin que se sequen demasiado. Las añadiremos el pimentón revolviendo y bajando el fuego, los cominos y el clavo (ambos machacados) y un poco de sal sirviéndolas rápidamente a la mesa.

Podemos acompañarlas de huevos fritos o de salchichas.

---

[1] Puede ser picante.

115. Migas de Córdoba

Ingredientes para 4 personas:

3/4 kilo de harina candeal
1/4 litro de aceite de oliva
1 litro de agua
Sal.

Colocaremos una sartén grande al fuego con el litro de agua y un poco de sal.

Así que rompa a hervir echaremos el harina, dando vueltas hasta que espese; poco a poco le iremos echando el aceite, frito de antemano, añadiéndolo con una cuchara, si se agarran algo se despegan con la rasera y se les añade más aceite, hasta echar toda la cantidad, picándolas con la rasera al mismo tiempo, para que queden en forma de bolitas muy menudas y doradas.

Estas migas cordobesas se comen con pimientos fritos, trozos de lomo, longaniza y otros embutidos, y también con uvas, pepinos y aceitunas.

Las migas pueden hacerse también con harina de maíz.

Se dice que, estas migas, son muy típicas, en los pueblos de la provincia de Córdoba; y que se consumen, con preferencia, cuando se hace la matanza. Siendo como plato obligatorio que se ofrece a los amigos y visitantes que acuden a ver la matanza.

116. Migas a la serrana

Ingredientes para 4 personas:

600 gramos de pan que tenga 2 ó 3 días
4 dientes de ajo
4 cucharadas soperas de aceite
50 gramos de chicharrones
4 cucharadas soperas de manteca de cerdo
50 gramos de tocino
Sal
Agua.

Partiremos el pan en pedacitos pequeños y los pondremos en una fuente con un poco de agua y sal, sacudiendo la fuente para que todos los trozos se empapen por igual. Los dejaremos en reposo unas 6/7 horas, como mínimo.

Majaremos en el mortero los ajos y los freiremos en una sartén grande al fuego, con la manteca de cerdo y el aceite. Ya fritos les añadiremos el pan remojado moviéndolo todo sin cesar. Incorporándole el tocino frito cortado en trocitos y los chicharrones en el momento de servirlas.

117. Migas de matanza
(Receta típica de Puebla de Don Fadrique)

Ingredientes para 4 personas:

300 gramos de hígado
1 asadura completa
Unos 400 gramos de tocino de entresijo (parte fina de la barriga del cerdo)
2 cucharadas soperas de pimentón rojo dulce
1 litro de agua
Sal
6 cucharadas soperas de aceite
Un poco de orégano, de matalahuga, de pimienta en polvo, de canela en polvo y 1 clavo
600 gramos de pan atrasado.

Cortaremos la asadura, el hígado y el tocino en trozos pequeños y los freiremos en una sartén, al fuego, con el aceite caliente (la sartén será grande).

En la pringue que nos quedará de freír todo esto (una vez sacado) echaremos las especies, fuera del fuego, para que no se quemen, y agregaremos el litro de agua, sazonando con un poco de sal y volviéndolo a poner al fuego para que dé unos hervores.

Prepararemos el pan desmenuzado, y lo iremos echando poco a poco, y dándole vueltas, a la sartén.

Se hará todo a fuego suave, como un cuarto de hora, moviendo sin parar con la rasera para que no se quemen. Separadas ya del fuego, abriremos un hueco en el centro de las migas y en él pondremos las tajadas de hígado, la asadura y el tocino que tenemos fritos.

Es típico comerlas en la misma sartén en que se hicieron.

118. Gachas malagueñas

Ingredientes para 4 personas:

8 cucharadas soperas de harina
4 patatas medianas
3 dientes de ajo
8 cucharadas soperas de aceite
80 gramos de manteca de cerdo
1 tazón de desayuno de agua
Sal.

Pelaremos las patatas y las cortaremos finamente. Picaremos los dientes de ajos y freiremos ambas cosas en una sartén al fuego con el aceite.

En otra sartén, al fuego con la manteca, echaremos la harina, previamente diluida en el agua, incorporándole el contenido de la primera sartén y cociendo todo junto (le echaremos sal) dándole una vuelta, como si se tratase de una tortilla.

119. Gachas gaditanas

Ingredientes para 4 personas:

1/2 kilo de harina blanca de trigo
5 cucharadas soperas de aceite
4 gramos de «matalahuga»
1/2 litro de agua
1/2 vaso de agua de leche
Sal.

Freiremos de antemano el aceite, echándolo en una cazuela, ya frío. Le agregaremos la harina, la sal, la matalahuga (que son unos granitos de anís), e iremos batiendo y añadiendo el agua fría poco a poco; cuando ya esté puesto sobre el fuego, lo moveremos bien sin parar hasta que empiece a hervir; si se pone demasiado espeso, le agregaremos un poco de agua. Cuando haya cocido 5/6 minutos, lo separaremos y lo serviremos. En la mesa se añade la leche.

Es costumbre también aderezarlas con un poco de meloja de la que hacen en los cortijos jerezanos. Es un plato que difícilmente olvidan los gaditanos que viven fuera de su tierra.

120. Caracoles a la andaluza [1]

Ingredientes para 4 personas:

8 docenas de caracoles
Agua
Sal
Aceite
3 dientes de ajo
Pan
16 almendras tostadas
1 cucharada sopera de pimentón rojo picante
2 tomates
1 cebolla

Después de limpios los caracoles, los herviremos un momento en agua salada y los escurriremos.

Hecho esto, freiremos en una cazuela al fuego los ajos, una rebanada de pan y las almendras, todo esto lo apartaremos reservándolo en un plato.

En el mismo aceite freiremos el tomate, la cebolla picada y el pimentón, poniéndolo todo a la vez. Cuando esté en su punto añadiremos los caracoles escurridos y los rehogaremos un rato con el sofrito, añadiendo sal, pimienta y un poco de azafrán.

[1] Receta conocida también como «caracoles malagueños».

Un poco de azafrán
Pimienta blanca en polvo
1 limón.

Majaremos los ajos, las almendras y el pan frito, que anteriormente reservamos, añadiremos un poco de zumo de limón y cuatro gotas de agua y lo echaremos a los caracoles. Dejaremos hervir 10/15 minutos hasta que estén en su punto.

121. Guisado de caracoles

(Receta típica de Tresmulas).

Ingredientes para 4 personas:

8 docenas de caracoles
50 gramos de jamón
2 pimientos rojos de lata
1 cebolla grande
2 tomates
1 rebanada de pan frito
Un poco de tomillo
8 almendras
20 piñones
Un poco de hinojo
Un poco de hierbabuena
Un poco de ralladura de nuez moscada
3 granos de pimienta
1 diente de ajo
Aceite.

Durante varios días mantendremos los caracoles en ayunas, después los lavaremos en varias aguas con sal dejándolos, al final, en agua fría.

Los pondremos en una olla bien cubiertos de agua fría y los dejaremos un rato para que saquen los cuerpos de las conchas. En ese momento colocaremos la olla a fuego vivo para que rompan a hervir rápidamente y, después, los dejaremos cocer, despacio, durante hora y media o dos horas.

Mientras cuecen, prepararemos el sofrito.

En una sartén al fuego echaremos el aceite y freiremos la cebolla grande, pelada y cortada en tiritas finas, el jamón, los tomates picados, que todo se rehogue. Le agregaremos los pimientos morrones cortados en cuadritos; cuando estén bien rehogados los añadiremos sobre los caracoles, dejando hervir todo durante 1 hora más.

Machacaremos en el mortero una rebanada de pan frito, el tomillo, las almendras, los piñones, el hinojo, la hierbabuena, un poco de ralladura de nuez moscada, los granos de pimienta y el diente de ajo; convertido éste en una pasta lo desleiremos con un poco de agua, adicionándolo sobre los caracoles, que cocerán un poco más, sólo lo suficiente para que la salsa espese.

122. Jamón al jerez

Ingredientes para 4 personas:

1 kilo de jamón salado
1 cebolla

Pondremos a remojo, en agua fría, el jamón, dejándolo así un día entero, o sea 24 horas. Pasadas las cuales lo separaremos colocándolo en una cazuela, a cocer con la cebolla pelada

Un poco de tomillo
Un poco de hierbabuena
Un palito de canela
1/2 litro de jerez seco
Agua.

y entera, el tomillo, la hierbabuena, el palito de canela y el jerez. Lo dejaremos hervir 1 hora y, cuando esté cocido, lo limpiaremos, y si tiene hueso se lo quitaremos. Envuelto en un paño, lo dejaremos entre dos pesos, para que se prense, uno o dos días.

123. Jamón en salsa de gitanos

Ingredientes para 4 personas:
4 lonchas buenas de jamón
1 cucharada sopera de harina
2 cucharadas soperas de azúcar
1 vaso de agua de leche
1 taza pequeña de vinagre
6 cucharadas soperas de aceite
Agua.

Pondremos las lonchas de jamón a desalar cubiertas por la leche, por espacio de 1 ó 2 horas. Escurridas las retiraremos y freiremos en una sartén, con el aceite; las freiremos sin llegar a dorarlas demasiado y las colocaremos en una fuente que resista al fuego. En la misma sartén, y con el aceite, sobrante rehogaremos la cucharada de harina, a la que añadiremos el vinagre y las dos cucharadas de azúcar, removiendo bien y aclarando con un tazón de agua (no debe de quedar muy espesa). Esta salsa la verteremos sobre el jamón, que cocerá en ella unos 8 minutos. Sirviéndolo a continuación.

Este jamón podemos acompañarlo con unos huevos cocidos y champiñones, si son frescos rehogados previamente en un poco de mantequilla.

124. Jamón empanado y frito

Ingredientes para 4 personas:
8 lonchas de jamón salado
200 gramos de pan del día
3 huevos
80 gramos de manteca de cerdo.

Con ayuda de los dedos desharemos la miga de los 200 gramos de pan, pasando por ella cada loncha después de haberlas rebozado por los huevos batidos. Desharemos la manteca, en una sartén al fuego, y en ella freiremos el jamón (podemos utilizar tocino de jamón en lugar de manteca).

Recomendamos hacer este plato justo cuando vaya a presentarse a la mesa, no es tan bueno si se deja que repose, aunque sólo sean 10 ó 12 minutos. Si no gusta muy salado, las lonchas de jamón pueden desalarse en leche unos 5/8 minutos antes de proceder a su cocinado.

125. Salchichas al jerez

Ingredientes para 4 personas:

1 kilo de salchichas
1 cucharada sopera de manteca de cerdo
1 copa de licor de vino de Jerez
4 rebanadas de pan frito.

Pondremos al fuego, en una sartén, la cucharada de manteca de cerdo y cuando esté derretida, y antes de que se caliente demasiado, le agregaremos las salchichas, dándoles vuelta constantemente para que no se revienten.

Cuando tomen color les incorporaremos el vino de Jerez, las taparemos con un papel de estraza o de aluminio, colocando la tapadera encima, y dejándolas cocer, a fuego no muy vivo, por espacio de 15/20 minutos. Las serviremos con un acompañamiento de trozos de pan, fritos en manteca de cerdo, o bien unas papas fritas.

126. Rapidillos

Ingredientes para 4 personas:

200 gramos de harina
4 cucharadas soperas de nata de leche cocida
100 gramos de jamón salado
1 cucharilla de café colmada de levadura en polvo
1 cucharilla de café de sal
8 cucharadas soperas de leche
1/4 litro de aceite
Sal.

Batiremos ligeramente la nata y le incorporaremos la harina, a la que habremos mezclado la levadura en polvo, la leche y la sal. Mezclaremos todo bien y, con esta pasta, formaremos unas bolitas, del tamaño de una nuez aproximadamente, dentro de las cuales pondremos un cuadrito de jamón. Las freiremos en el aceite, no muy caliente, y las serviremos recién hechas.

127. Granadina (Pudin)

Ingredientes para 4 personas:

4 huevos
100 gramos de jamón
1 berenjena
1 pimiento rojo fresco
1 kilo de tomate
1 cebolla grande
200 gramos de carne de cerdo picada
1 diente de ajo
Perejil fresco

En una sartén al fuego con parte del aceite freiremos la cebolla pelada y muy picada; cuando comience a estar dorada le añadiremos la berenjena pelada y partida en daditos y la carne picada; echaremos sal, y ajo y un poco de perejil (picados o majados en el mortero), dejándolo pasar lentamente. Pelaremos 2 ó 3 tomates, y los partiremos en pedazos agregándolos al guiso (con el resto de los tomates y el aceite haremos una salsa que pasaremos por un chino o pasa-purés, reservándola).

Asaremos el pimiento, y lo pelaremos añadiendo la mitad,

Pan rallado
6 cucharadas soperas de aceite
Sal.

bien partido, al guiso; el resto lo reservaremos también. Picaremos el jamón y lo uniremos al compuesto o guiso así como los cuatro huevos bien batidos, moveremos bien para que se forme una pasta homogénea que haremos en una pudinera (engrasada) al horno. Desmoldarlo en frío y ponerle por encima la salsa de tomate y el resto del pimiento.

128. Galianos

Ingredientes para 4 personas:

1 kilo de masa de pan
1/2 litro de aceite
Sal
Agua.

Con la masa de pan formaremos tortas finas que coceremos en el horno, hasta que estén muy doradas. Una vez hechas las cortaremos en trozos, freiremos en el aceite puesto en una sartén unos cuantos pedazos, a los que añadiremos agua y sal. Cuando rompan a hervir agregaremos los demás trozos de tortas que quedaron sin freír, dejando cocer todo durante una hora.

Este plato es típico de los gañanes, que lo hacen para su comida.

129. Alegrías de sémola

Ingredientes para 4 personas:

500 gramos de sémola de trigo o de arroz
100 gramos de manteca de cerdo
4 yemas de huevo
Sal
Pimienta blanca en polvo
Nuez moscada
4 huevos enteros
8 cucharadas soperas de pan rallado
1/2 litro o más de aceite
1 litro o más de leche de cabra.

Pondremos la manteca, al fuego, en una cazuela honda y así que esté deshecha le agregaremos la sémola, en forma de lluvia, y después la leche, poco a poco, y removiendo sin cesar hasta trabar una masa. Fuera del calor (tibia) le incorporaremos las yemas batidas y un poco de sal, así como una pizca de nuez moscada rallada y pimienta. Revolveremos bien con la cuchara de palo y extenderemos la pasta en una fuente en forma lisa pero que tenga de 2/3 milímetros de espesor.

Batiremos los 4 huevos enteros, y cortaremos la pasta en forma alargadita pasando cada trozo por pan rallado, friéndolas en abundante aceite muy caliente.

Hay que servir las alegrías de sémola lo antes posible a la mesa para que no pierdan su genuino sabor.

130. Marinada de peros [1] agridulces

Ingredientes para 4 personas:

1 kilo de peros agridulces
4 cucharadas soperas de harina
4 cucharadas soperas de agua
3 claras de huevo
1 cucharada sopera de azúcar
1 cucharada sopera de canela en polvo
1/2 litro o menos de aceite.

Pelaremos y retiraremos el corazón de los peros, cortándolos en ruedas no muy finas.

Formaremos una marinada con la harina y el agua, unidas y batidas las claras (batidas a punto de nieve). En esta marinada pondremos las ruedas de los peros, unos 15 minutos. Pasados los cuales y bien impregnados de la marinada, freiremos trozo a trozo los peros en el aceite puesto en una sartén al fuego. Fritos y escurridos se les echa azúcar y canela por encima.

Sirven para presentarlos a la mesa como acompañamiento de carnes o aves asadas, aunque hay quien los come solos como entrante.

---

[1] Perillos o peras muy pequeñas.

131. Buñuelos de patata

Ingredientes para 4 personas:

1 kilo de patatas todas lo más iguales posible
1 limón
1 vasito de vino de leche (acaso un poco más)
1/2 cucharilla de café de canela en polvo
2 huevos
2 cucharadas soperas de harina fina
1/2 litro o menos de aceite
Sal
Agua
1 cucharada sopera de margarina.

Coceremos las patatas con piel, solo con el agua justa que las cubra y sal (mejor sería hacerlas al vapor). Una vez cocidas y peladas, aplastar, chafar o pasar por el prensa-purés echándoles la margarina. Rallar un poco de corteza de limón y adicionársela, así como la canela, la harina, la leche y los huevos batidos. Se trata de hacer, con todo ello, una masa o pasta que, tomada después en porciones o en cucharadas, se irán friendo en abundante aceite caliente.

Comer recién fritas, pues, de lo contrario, perderían calidad.

132. Buñuelos de gambas

Ingredientes para 4 personas:

100 gramos de harina
10 gramos de levadura prensada
1/2 litro o más de leche

Desleiremos la levadura en tres cucharadas de leche templada, mezclándola seguidamente con la harina, la sal y la leche restante, batiendo bien para que la pasta no forme grumos. Dejaremos esta masa fermentar en un sitio templado

150 gramos de gambas
1/2 cucharilla de café de sal
1/2 litro de aceite.

durante 2 horas aproximadamente. Una vez fermentada envolveremos en parte de ella cada gamba, cocida y pelada, y las freiremos una a una en abundante aceite, muy caliente. Podemos servirlas también como entremés caliente.

133. Empanadillas de aceitunas

Ingredientes para 4 personas:

150 gramos de mantequilla o margarina
1 cucharilla de café de sal
Harina (la que admita)
1 taza de desayuno de leche.

Ingredientes para el relleno:

Picadillo de jamón, de pollo o de carne
1 huevo duro
200 gramos de aceitunas sin hueso o rellenas de pimiento
1/2 litro de aceite.

En una fuente honda, o cualquier otro recipiente, echaremos la leche, la mantequilla derretida y la sal, batiéndolo hasta que se una bien; después le iremos añadiendo harina poco a poco, hasta formar una masa fina que amasaremos bien y trabajaremos con el rodillo, dejándola lo más delgada posible sin que se rompa.

Tendremos preparado el relleno —que más guste—, añadiéndole el huevo bien picado. Formaremos las empanadillas, poniendo en cada una cuatro aceitunas, y las cortaremos con el cortapastas, dándoles la forma clásica. Las freiremos en abundante aceite. Podemos servirlas calientes o frías.

134. Fritos originales

Ingredientes para 4 personas:

10 medias-noches
400 gramos de pasta de croquetas
1 huevo
100 gramos de harina
1/2 litro de aceite.

Partiremos las medias-noches por la mitad y las rellenaremos con una cucharada de pasta de croqueta, en cada una, rebozándolas en la harina y el huevo batido, sólo por el lado de la pasta de croqueta. Seguidamente las freiremos en aceite muy caliente.

Ingredientes para 4 personas:

200 gramos de harina
15 gramos de levadura prensada
25 gramos de azúcar
Un pellizco de sal
200 gramos de mantequilla
2 huevos
leche (la necesaria que admitan)
1 vaso de agua
1 vasito de vino de leche.

Veamos seguidamente como se hacen las medias-noches:

Sobre un mármol echaremos la harina, en forma de círculo y, en el centro de éste, pondremos el agua, la sal, la levadura (que habremos desleído en el vasito de leche templada) y los huevos batidos (de los que reservaremos un poco para pintar las medias-noches).

Mezclaremos bien con los dedos los ingredientes del centro del círculo y después les incorporaremos la harina, agregando la leche necesaria, para hacer una pasta no muy blanda, con la que se puedan hacer las medias-noches. Esta masa ha de trabajarse con brío. Para que tome correa la azotaremos contra el mármol. Una vez bien trabajada la pasta, la dividiremos en porciones del tamaño de un huevo, aproximadamente, y formaremos como una bola aplastándola ligeramente entre las palmas de las manos. Colocaremos las medias-noches en una placa engrasada dejándolas en sitio templado, para que fermenten. Al cabo de 30 minutos aproximadamente, pintaremos las medias-noches con el resto del huevo batido y las coceremos a horno fuerte hasta que estén doradas.

Capítulo VI

ARROZ Y PASTA SECA

135. Arroz con mariscos

Ingredientes para 4 personas:
400 gramos de arroz
4 langostinos
4 cigalas
150 gramos de guisantes cocidos o de lata
1/2 kilo de almejas
2 pimientos rojos de lata
1 cebolla
Unas hebras de azafrán
1 cucharada sopera de pimentón rojo dulce
4 cucharadas soperas de aceite
Sal
Agua.

Los langostinos y las cigalas las pelaremos en crudo de sus cáscaras aprovechando sólo las colas.

En una sartén, al fuego, con el aceite, haremos un sofrito compuesto por los pimientos de lata, el azafrán, la cebolla picada y los tomates trinchados; así que esté un poco rehogado añadir las almejas (bien lavadas) y, una vez que se abran al calor, adicionaremos los langostinos y las cigalas peladas así como el pimentón y el agua, que será el doble de volumen que el arroz más una porción o ración de agua. Cocerá todo esto unos 10 minutos, pasados los cuales incorporaremos el arroz, y sal. Que cueza el arroz (según su clase, dura o blanda) entre 15 y 20 minutos.

Este arroz debe servirse recién hecho y quedar un poco caldoso (por esto le hemos echado más agua de lo normal).

136. Arroz con almejas

Ingredientes para 4 personas:
400 gramos de arroz
Agua
1 cebolla
2 tomates rojos
2 pimientos frescos rojos o verdes
400 gramos de almejas
1 cucharada sopera de pimentón rojo dulce
2 dientes de ajo
1 papeleta de azafrán en hebra
6 cucharadas soperas de aceite.

Picaremos la cebolla pelada, los tomates, escaldados, y los pimientos frescos. Pondremos al fuego una sartén con el aceite y, cuando esté caliente, haremos el sofrito con sal, a medio hacer incorporaremos las almejas (bien lavadas) y que se abran al calor del fuego. Añadiremos el pimentón rojo, y lo pasaremos todo a una cazuela de barro, cubriéndolo justo de agua. Majaremos los dientes de ajo junto con el azafrán en un mortero y lo desleiremos con un poco de agua caliente (un par de cucharadas) echándoselo a la cazuela. Daremos un hervor de 5 minutos, pasados los cuales echaremos el arroz y el agua correspondiente (el doble más un poco) y sal. Cocerá, de forma que el arroz esté hecho pero se vea un poco caldoso.

Lo serviremos rápidamente una vez que esté hecho.

137. Arroz con pollo

Ingredientes para 4 personas:
400 gramos de arroz
Agua

Limpiaremos el pollo pasándolo por la llama, le echaremos un poco de sal. En una sartén, grande, al fuego con la manteca freiremos el pollo agregándole los pimientos verdes y los

1 pollo de 1 kilo de peso troceado
50 gramos de manteca
2 pimientos frescos verdes
2 pimientos rojos de lata
2 tomates frescos
1 cucharada sopera de pimentón rojo dulce
Unas hebras de azafrán
Sal
1 taza de desayuno de caldo de carne [1]
Sal.

tomates todo picado, el pimentón, el azafrán y los pimientos rojos picados y el caldo, dejándolo cocer hasta que el pollo esté tierno.

Prepararemos una cazuela y verteremos en ella el contenido de la sartén, colocándola en el fuego, echando el arroz y el doble de agua que de arroz (que esté muy caliente) y añadiendo sal; así que rompa el hervor lo retiraremos y meteremos a cocer al horno hasta que lo veamos hecho.

Se sirve en la misma cazuela.

---

[1] Puede ser de cubitos.

138. Arroz a la sevillana

Ingredientes para 4 personas:

400 gramos de arroz
200 gramos de calamares
6 cangrejos
350 gramos de rape
100 gramos de jamón
2 pimientos frescos rojos
1/2 cebolla
un poco de azafrán
6 cucharadas soperas de aceite
200 gramos de almejas
2 huevos duros
50 gramos de chorizo
200 gramos de guisantes
2 dientes de ajo
Perejil fresco
Una hoja de laurel
Sal
Agua
Un casco más de cebolla.

Pondremos una cazuela de barro al fuego con el aceite y en ella freiremos la cebolla pelada y muy picada y uno de los dientes de ajo; lo doraremos bien y añadiremos los calamares limpios y cortados en pedazos; el rape partido en trocitos y sin espinas, revolviendo bien y adicionando el jamón cortado a trozos, los guisantes desgranados y un poquito de agua, dejándolo cocer lentamente.

Asaremos los pimientos en el horno, pelándolos y limpiándolos de semillas, pondremos uno en el guiso, partido en trozos, reservando el otro para el adorno.

Lavaremos bien los cangrejos cociéndolos en agua hirviendo, sal, el laurel, y un casco de cebolla, durante 15 minutos. Retiraremos los cangrejos con la espumadera y reservaremos el caldo para el arroz.

Las almejas, lavadas en varias aguas, las pondremos en una cazuelita con un poco de agua, y sobre el fuego para que abran, reservando también el caldo que suelten al cocer.

Ya tiernos los calamares y demás ingredientes de la cazuela añadiremos el arroz rehogándolo bien y cubriéndolo con doble cantidad de líquido que de arroz, éste será el caldo de los cangrejos y el de las almejas; le echaremos sal y le incorporaremos las almejas, así como el otro diente de ajo machacado en el mortero con un poco de azafrán y perejil, dejándolo cocer unos 5 minutos y metiéndolo en el horno otros 15, después lo retiraremos y que repose unos 10 minutos.

Podemos pasarlo a una fuente o bien servirlo en la misma cazuela, adornando el arroz con los cangrejos, el pimiento cortado en tiras, rodajas de huevo duro y el chorizo frito, y partido, también, en rodajas.

139. Arroz al estilo de Andalucía

Ingredientes para 4 personas:
400 gramos de arroz
4 pajaritos
150 gramos de jamón
150 gramos de chorizo
100 gramos de tocino
1/2 pollo cortado a trozos
6 dientes de ajo
10 cebolletas
1 hoja de laurel
Pimienta blanca en polvo
6 cucharadas soperas de aceite
Sal
Agua.

Pelaremos los ajos asándolos un poco en el horno, a continuación los echaremos a una cazuela, al fuego, con el aceite caliente; así como los trozos de pollo limpios, los pajaritos (cortados por la mitad después de limpios), el jamón y el tocino muy cortadito, lo mismo que el chorizo. Adicionaremos las cebolletas (o cebollas muy pequeñas) partidas y la hoja de laurel, rehogándolo todo bien y dejándolo cocer hasta que el pollo esté tierno (añadiremos un poco de agua, un poco de pimienta y sal).

Incorporaremos entonces el arroz y un litro de agua; cocerá en el fuego por espacio de 20 minutos. Serviremos el arroz en una fuente retirando la hoja de laurel.

140. Arroz frío a la sevillana

Ingredientes para 4 personas:
200 gramos de arroz blanco
3 cebolletas
3 tomates frescos
1/2 lata de pimientos morrones
250 gramos de aceitunas sevillanas
2 dientes de ajo
Perejil fresco
4 cucharadas soperas de aceite
2 cucharadas soperas de vinagre
Sal.

Prepararemos el arroz en blanco; una vez hecho y frío lo colocaremos en una fuente, rodeándolo con las cebolletas y los tomates partidos en rodajas y los pimientos cortados a tiras; espolvorearemos por encima con el perejil y los ajos muy picados, le echaremos sal y las aceitunas, bañándolo, por último, con el aceite y el vinagre muy batidos. Lo serviremos muy frío.

«Como haremos el arroz blanco.»

Pondremos dos cucharadas de aceite en una cazuela y en ella freiremos una cucharilla de cebolla picada; así que esté frita le incorporaremos el arroz, el doble de agua que de arroz, y sal. Removeremos el arroz, bajaremos el fuego y ya no lo removeremos más. Estará hecho cuando absorba todo el líquido, generalmente tarda 20/25 minutos en cocerse, después se deja enfriar.

141. Arroz de Cádiz

Ingredientes para 4 personas:

1 cabeza gorda de merluza
1 1/4 litros de agua
3 cucharadas soperas de aceite
2 dientes de ajo
1 hoja de laurel
1 cebolla
Perejil fresco
1 limón
6 cucharadas soperas de arroz.

Coceremos la cabeza de merluza, después de que esté bien limpia, en el agua y sal por espacio de unos 10 minutos. Aparte picaremos los ajos en una sartén con el aceite y le añadiremos el laurel, la cebolla picada y el perejil. Cuando todo esté frito lo echaremos al caldo de la merluza, retiraremos ésta y separaremos toda su carne.

Herviremos en parte del caldo el arroz unos 15 minutos y le añadiremos la carne obtenida de la cabeza de la merluza y el zumo del limón colado.

Este arroz en forma de sopa lo serviremos caliente.

142. Arroz cortijero

Ingredientes para 4 personas:

500 gramos de arroz
400 gramos de tomate
300 gramos de cebollas
2 pimientos
8 cucharadas soperas de aceite
Sal
Pimienta blanca en polvo.

En una cazuela de barro con parte del aceite, caliente, rehogaremos el arroz; ya bien rehogado le añadiremos el agua (doble cantidad que el arroz) caliente y un poco de sal y pimienta. A media cocción le adicionaremos el pisto o sofrito que prepararemos así:

Asaremos los pimientos en el horno y los pelaremos. En una sartén, con el resto del aceite, freiremos las cebollas finamente picadas y, ya pasadas, le añadiremos los tomates cortados en trozos pelados y limpios, y los pimientos también partidos; freiremos todo bien, sazonando con sal y echándolo al arroz, que removeremos un poco, terminando de cocerlo bien (unos 20/25 minutos). Ya en su punto y retirado del fuego lo dejaremos unos 5 minutos reposar, sirviéndolo en la misma cazuela de cocción.

143. Arroz jerezano

Ingredientes para 4 personas:

500 gramos de arroz
2 litros o más de caldo de carne [1]
1 cucharada sopera de mantequilla
1 vasito de vino de jerez

En una cazuela al fuego con el aceite freiremos la cebolla pelada y finamente picada; cuando empiece a dorarse le echaremos el jerez y, a continuación, el arroz, rehogándolo bien y

[1] Mejor utilizar caldo del puchero.

1 cebolla
5 cucharada soperas de aceite
Sal.

añadiendo el caldo (el doble que de arroz). Pondremos sal y lo dejaremos cocer por espacio de 20 minutos; le añadiremos la mantequilla en bolitas por encima, una vez cocido, y lo serviremos en una fuente o en la cazuela, si ésta se presta a ser presentada a la mesa.

144. Cazuela de arroz a la malagueña

Ingredientes para 4 personas:

1/2 kilo de arroz
1 decilitro de aceite
1 manojo de espárragos trigueros
1 diente de ajo
1/2 kilo de langostinos frescos
100 gramos de tomates frescos
1 cebolla
2 litros o más de agua
Sal
Pimienta blanca en polvo
1/2 kilo de almejas
1/4 kilo de guisantes desgranados
1 cucharada sopera de pimentón rojo dulce
Perejil fresco
1/2 kilo de rape
2 pimientos verdes
1 papeleta de azafrán en hebra.

Pondremos en una sartén al fuego el aceite y cuando esté caliente echaremos en él la cebolla pelada y picada y los pimientos cortados a tiras; cuando ambas cosas estén un poco pasadas lo echaremos todo a una cazuela de barro, y en el mismo aceite de la sartén, freiremos el tomate con la cucharada de pimentón, agregándolo también a la cazuela.

En un pote coceremos las almejas bien limpias y, al romper a hervir, las apartaremos y quitaremos media cáscara reservando la que contiene el bicho. Colaremos el caldo por un tamiz fino y lo guardaremos.

Coceremos aparte los langostinos y cuando rompan a hervir los retiraremos del agua dejándolos enfriar, y colando el caldo, que uniremos al de las almejas.

Cortaremos las puntas de los espárragos (que deben ser muy tiernos), y desgranaremos los guisantes.

En la cazuela donde está el sofrito echaremos los guisantes y los espárragos, el rape cortado en trozos, y los langostinos previamente descascarillados, añadiremos el caldo de cocerlos y que se haga, tapado, todo el conjunto, hasta que estén tiernos los guisantes y bien hechos los espárragos.

Majaremos en el mortero el ajo, azafrán y un poco de perejil, y lo desleiremos con un poco de agua vertiéndolo a la cazuela.

Si el caldo de ésta se ha consumido le añadiremos como un litro de agua hirviendo, rectificando de sal y, cuando rompa a hervir de nuevo, echaremos el arroz y lo dejaremos llegar a un hervor muy suave con poco fuego. Cuando se haya consumido todo el caldo lo taparemos, y apartaremos a un lado para que repose 5 ó 6 minutos.

Lo serviremos después en la misma cazuela de cocción.

145. Fideos con almejas

Ingredientes para 4 personas:

400 gramos de fideos gordos
400 gramos de almejas
4 cucharadas soperas de aceite
1 cebolla
2 tomates rojos y maduros
1 pimiento de lata
Unas hebras de azafrán
1/2 cucharada sopera de pimentón rojo dulce
Agua
Sal.

En una cazuela honda, al fuego, con el aceite prepararemos un sofrito con las cebollas, tomates y pimientos (todo pelado y picado), al cual añadiremos el azafrán y el pimentón rojo; daremos una vuelta a todo incorporando las almejas (ya abiertas en un poco de agua caliente) y los fideos y cubriéndolo con agua, echaremos sal, y que cueza poco a poco. Debe quedar un poco caldoso.

Capítulo VII

HUEVOS

146. Huevos fritos a la sevillana
147. Huevos fritos a la flamenca
148. Huevos al estilo de Córdoba
149. Huevos chiclanera
150. Huevos al plato gitanilla
151. Huevos cuajados con jamón
152. Huevos cuajados Giralda
153. Huevos cuajados a la sevillana
154. Huevos cuajados con espinacas
155. Relleno (huevos y riñones)
156. Tortilla de gambas y camarones de Cádiz
157. Tortilla de San José
158. Tortilla a la andaluza
159. Tortilla a lo Sacro-Monte
160. Tortilla a la sevillana
161. Tortilla al estilo de Granada
162. Tortilla de chanquetes

146. Huevos fritos a la sevillana

Ingredientes para 4 personas:

4 huevos
75 gramos de jamón serrano
400 gramos de patatas
6 cucharadas soperas de aceite de oliva, o bien, de manteca de cerdo
4 alcachofas frescas
Sal fina.

Pondremos el aceite o la manteca en una sartén al fuego y cuando esté muy caliente iremos friendo los huevos uno a uno, dejándolos caer en la sartén, con mucho cuidado. Salpicaremos la clara con ayuda de una paleta o espumadera, a fin de que resulten abuñuelados, pero recordando que la yema debe quedar blanda. Entonces los escurriremos y echaremos un poco de sal fina.

Freiremos las patatas peladas, cortándolas alargadas, y con sal, así como el jamón, y las alcachofas troceadas.

Estos huevos los presentaremos con la guarnición de patatas, jamón y alcachofas.

147. Huevos a la flamenca

Ingredientes para 4 personas:

8 huevos
100 gramos de guisantes
100 gramos de habichuelas verdes
100 gramos de jamón
Un manojo de espárragos trigueros
100 gramos de chorizo
4 pimientos morrones de lata
2 patatas
Azúcar
Sal
Pimienta blanca en polvo
3 tomates frescos
1 cebolla
1/2 litro o menos de aceite
50 gramos de manteca de cerdo
2 lonchas de tocino fresco
Agua.

Con la cebolla, los tomates y un poco del aceite, sal, pimienta y una pizca de azúcar, haremos una buena salsa de tomate que pasaremos por el colador.

Herviremos las judías verdes partidas a trocitos y los guisantes. Freiremos en el resto del aceite las patatas después de peladas y cortadas alargadas.

Sobre un gran plato o fuente de horno, con la salsa de tomate, cascaremos los huevos, pondremos los pimientos rojos cortados a tiras, los espárragos cocidos, las tiras de tocino, el jamón, el chorizo cortado en rodajas, las patatas, disponiéndolo todo de forma bonita.

Lo meteremos al horno hasta que los huevos estén hechos.

148. Huevos al estilo de Córdoba

Ingredientes para 4 personas:

8 huevos
200 gramos de chorizo
750 gramos de patatas
2 pimientos morrones de lata
1/2 litro de aceite
Sal.

Pelaremos y cortaremos las patatas en rodajas finas, salándolas y friéndolas en parte del aceite, ya fritas, las escurriremos bien, poniéndolas en el centro de una fuente.

Cortaremos los pimientos en tiras finas, y los saltearemos ligeramente con un poco de aceite, colocándolos sobre las patatas.

Freiremos los huevos en aceite abundante y caliente, y los colocaremos alrededor de las patatas y los pimientos. Cortaremos ocho rodajas del chorizo, y las freiremos ligeramente, poniendo una rodaja encima de cada huevo.

Este plato lo serviremos recién hecho.

149. Huevos chiclanera

Ingredientes para 6 personas:

6 huevos
1 cebolla grande
1/2 kilo de tomate
100 gramos de chorizo puro
50 gramos de jamón
1/4 kilo de guisantes
1 tazón de desayuno de salsa bechamel
3 cucharadas soperas de aceite.

En una sartén al fuego con aceite echaremos la cebolla finamente picada y a fuego lento para que se haga sin dorarse; ya bien pasada le añadiremos el tomate ya preparado y picado para salsa, el chorizo y el jamón, partidos en pequeñas porciones; rehogaremos todo, añadiendo por último los guisantes, si son frescos ya cocidos o de lata.

Prepararemos una salsa bechamel y escalfaremos los huevos. En una fuente de horno pondremos una capa de salsa bechamel, reservando algo menos de la mitad; sobre ésta colocaremos la salsa preparada de tomate, jamón y chorizo; sobre todo ello irán los huevos escalfados, sobre cada uno de los huevos pondremos una cucharilla de salsa bechamel. Meteremos la fuente al horno a gratinar, sirviéndolos nada más sacarlos del horno.

150. Huevos al plato gitanilla

Ingredientes para 4 personas:

8 huevos
2 dientes de ajo
12 almendras crudas no tostadas
Un poco de azafrán en hebra
1/2 cucharilla de café de canela en polvo
1 rebanada de pan
Sal
6 cucharadas soperas de aceite
Agua.

Pondremos una sartén, al fuego, con el aceite y en ella freiremos los dientes de ajo pelados, pero enteros, las almendras y el pan, retirándolo todo cuando esté dorado y frito. Reservando el aceite de este frito.

En un mortero majaremos todo ello, juntándole el azafrán, los cominos y la canela. Bien majado le añadiremos el aceite de la sartén y un vaso de agua caliente. Uniremos perfectamente y le echaremos sal.

Prepararemos un gran plato o fuente de horno poniendo, en su fondo, el conjunto majado y cascando sobre él los huevos que cuajaremos, al horno, hasta que la clara se cuaje y la yema quede blanda.

Fuera del calor se echará un poco de sal sobre los huevos.

151. Huevos cuajados con jamón

Ingredientes para 4 personas:
8 huevos
50 gramos de mantequilla
4 lonchas de jamón
(No precisa sal).

Prepararemos cuatro platos individuales de horno y entre ellos repartiremos la mantequilla y cascaremos 2 huevos en cada uno, poniendo sobre los huevos una loncha de jamón.

Los cuajaremos al horno el tiempo suficiente y los serviremos recién hechos.

152. Huevos cuajados Giralda

Ingredientes para 4 personas:
8 huevos
6 higadillos de pollo
50 gramos de jamón salado
6 cucharadas soperas de aceite
2 cucharones llenos de arroz
4 cucharones llenos de agua
Sal
Unas hebras de azafrán
2 cucharadas soperas de mantequilla.

En parte del aceite, puesto en una sartén al fuego, freiremos los higadillos que, una vez fritos, picaremos, junto con el jamón en una tabla. Pondremos el resto del aceite en una cazuela y en ella echaremos el picadillo y el arroz, cubriendo este con el agua correspondiente, que estará muy caliente y echándole sal. Lo coceremos de 15 a 20 minutos y después (aún caliente) lo moldearemos con un flanero haciendo cuatro flanes (uno para cada plato de horno). Cascaremos dos huevos en cada plato con parte de la mantequilla y los meteremos a cuajar al horno hasta que veamos la clara hecha y la yema aún blanda; los salaremos fuera del calor del fuego.

153. Huevos cuajados a la sevillana

Ingredientes para 4 personas:
8 huevos
500 gramos de langostinos
3 pimientos rojos de lata
Agua
Sal
3 cucharadas soperas de mantequilla
4 cucharadas soperas de aceite
1/2 cebolla picada
200 gramos de guisantes de lata o cocidos.

Coceremos en agua y sal los langostinos; una vez hechos, los pelaremos y picaremos, uniéndoles los pimientos rojos (también muy picados). En el aceite, puesto en una sartén al fuego, freiremos la cebolla y, ya frita, la escurriremos y uniremos a los langostinos, pimientos y guisantes, reservándolo todo.

Repartiremos la mantequilla en cuatro platos de horno y cascaremos dos huevos en cada uno de ellos, metiéndolos al horno a cuajar; a mitad de su cocción dividiremos lo anteriormente preparado, entre los cuatro platos, poniéndolo alrededor de los huevos.

Cuando sirvamos los huevos, siempre recién hechos, les echaremos sal.

154. Huevos cuajados con espinacas

Ingredientes para 4 personas:

8 huevos
1 kilo de espinacas
Agua
Sal
2 cucharadas soperas de aceite
2 dientes de ajo
1 cucharada de pimentón rojo dulce
1/2 cucharilla de café de vinagre
1 vasito de vino de caldo de carne [1]

Limpiaremos las espinacas y las coceremos, en agua y sal, sin partirlas. Una vez hechas y escurridas perfectamente, las picaremos en la tabla.

En el aceite, puesto en una sartén, al fuego, freiremos los dientes de ajos, pelados y cortados en ruedas, les añadiremos el pimentón y el vinagre, sal, las espinacas y el caldo. Lo chafaremos bien para que quede como un puré espeso y lo repartiremos en cuatro platos de horno. Sobre ello cascaremos dos huevos, por plato, y los meteremos a cuajar hasta que estén hechos.

Servir a la mesa rápidamente.

[1] Puede ser de cubitos.

155. Relleno

(Típico de Cuevas de San Marcos, que se come por Carnaval)

Ingredientes para 4 personas:

6 huevos
2 riñones de cerdo (250 a 300 gramos de peso)
3 huesos secos de jamón
1/4 de kilo de lomo de cerdo
1 morcón o el cuajar del cerdo
1/4 kilo de pechugas de pavo
300 gramos de pan blanco rallado
1/4 kilo de jamón fresco
2 dientes de ajo picados
Unas hebras de azafrán
Un poco de pimienta blanca en polvo
1 clavo
Perejil fresco
1 limón
Sal
Agua
1 cebolla
100 gramos de tocino cortado a trozos.

Picaremos muy menudito, o en la máquina, el jamón fresco y curado, los riñones y la pechuga y lo sazonaremos con sal y las especias, agregando el perejil y el ajo, ambos picados, así como el zumo del limón colado; le agregaremos los huevos muy batidos y el pan rallado para que haga masa (si fuera poco agregaremos más). Convenientemente sazonado, llenaremos el morcón hasta sus dos terceras partes, para que al cocer no se reviente, lo coseremos con hilo para que no se escape el relleno, introduciéndolo en agua hirviendo y, en seguida, lo sacaremos poniéndolo a cocer en una olla grande, donde habremos echado los huesos de jamón, los trozos de tocino y unos pedazos de cebolla. Todo esto lo cubriremos con agua y que cueza, despacio, durante 2 horas. Retirado lo dejaremos enfriar y lo cortaremos en rodajas para servirlo.

156. Tortilla de gambas y camarones de Cádiz

Ingredientes para 1 persona:

2 huevos
50 gramos de gambas
50 gramos de camarones [1]
4 cucharadas soperas de salsa de tomate
1 cucharada sopera de aceite
Sal
Agua.

Coceremos los mariscos en agua hirviendo y sal por espacio de 10 minutos, los escurriremos, pelaremos y pasaremos a una sartén con el aceite caliente. Añadiremos seguidamente los huevos bien batidos con un poco de sal, formando la tortilla redonda o alargada.

Serviremos la tortilla caliente y acompañada de la salsa de tomate.

---

[1] Especie entre la gamba y el langostino de tamaño más bien grande y color rojo, muy apreciados en la cocina Andaluza. Se cría en aguas del Mediterráneo. En Grecia se pesca en abundancia.

157. Tortillas de San José

Ingredientes para 4 personas:

6 huevos
2 yemas de huevo
Perejil fresco
Unas hebras de azafrán
1 cucharada sopera de vinagre
1/2 kilo de pan
4 dientes de ajo
6 granos de pimienta
1/4 litro de aceite
Sal
Agua.

Rallaremos el pan y lo echaremos en una fuente honda, agregándole los ajos picados, el perejil también picado y la pimienta, machacada con el azafrán en el mortero.

Batiremos los huevos y los agregaremos a la fuente, mezclando muy bien el conjunto, y sazonándolo con sal.

Pondremos el aceite en una sartén al fuego y, de la masa hecha con el pan y los huevos, iremos tomando cucharadas, que freiremos en el aceite hasta verlas muy doraditas.

En una cacerola al fuego echaremos agua sazonándola con sal y agregándole tres cucharadas de aceite de haber frito las tortillas, que hierva. Al empezar el hervor echaremos las tortillas dejándolo hervir unos 5 minutos. Separado del fuego, retiraremos las tortillas a una fuente, batiremos las yemas con el vinagre y lo agregaremos poco a poco al caldo de cocer las tortillas; una vez todo incorporado, lo verteremos sobre las tortillas que tenemos en la fuente y las serviremos a la mesa.

158. Tortilla a la Andaluza

Ingredientes para 4 personas:

6 huevos
2 cebollas

Pelaremos y picaremos finamente las cebollas, quitaremos las pepitas y los rabos de los pimientos y los picaremos también. En parte del aceite, puesto en una sartén al fuego, freiremos

6 pimientos verdes frescos
1/4 litro de aceite
Sal
1/2 kilo de tomates rojos frescos.

ambas cosas y, por separado, freiremos los tomates pelados y chafados en crudo. Todo hecho, y con sal (acaso un poco de azúcar al tomate para matar su acidez) lo uniremos bien.

Batiremos los huevos, echaremos un poco de aceite en la sartén y, sobre los huevos pondremos el relleno preparado anteriormente, cuajando una tortilla grande, dorándola por ambos lados (podemos hacer tortillas individuales, o bien, dos tortillas para 4 personas).

Es muy sabrosa.

159. Tortilla a lo Sacro-Monte
(Plato típico granadino)

Ingredientes para 4 personas:
2 sesadas de cordero cocidas
250 gramos de patatas
50 gramos de pimientos morrones de lata
50 gramos de guisantes
1 criadilla de cordero
100 gramos de jamón
6 huevos
6 cucharadas soperas de aceite
Agua.

Empezaremos por cocer las sesadas y la criadilla y una vez quitado el pellejo las freiremos. Cuando estén doradas y escurridas del aceite, las cortaremos en trozos menuditos, agregándoles el jamón, picado en cuadraditos muy pequeños, y mezclaremos los pimientos, también picados, los guisantes previamente hervidos (o de lata) y las patatas cortadas muy menudas. En una sartén al fuego rehogaremos todo, con muy poco aceite, agregándole, una vez hecho, los huevos batidos y formando una tortilla que resulta bastante gruesa, pero muy jugosa por dentro.

160. Tortilla sevillana

Ingredientes para 4 personas:
6 huevos
2 cucharadas soperas muy llenas de cebolla picada
3 cucharadas soperas de manteca de cerdo
2 pimientos verdes frescos
400 gramos de setas naturales (o de lata)
4 tomates pequeños frescos y rojos
Ajo y perejil, picado todo junto
Sal.

Batiremos los huevos agregándoles sal y la cebolla picada y frita en la manteca, así como los pimientos, mondados y cortados en daditos y también fritos. Haremos la tortilla según el método habitual, rodeándola, una vez servida, con montoncitos de setas salteadas en aceite y los pequeños tomates cortados por su mitad e igualmente rehogados en aceite, sobre los tomates echaremos el ajo y perejil picados y un poco de sal.

161. Tortilla al estilo de Granada

Ingredientes para 4 personas:
6 huevos
400 gramos de carne de ternera asada ya de antemano en manteca de cerdo
2 cucharadas de manteca de cerdo
100 gramos de guisantes de lata o cocidos
3 pimientos morrones de lata
Sal
2 cucharadas soperas de aceite.

Picaremos en la tabla la carne de ternera y le agregaremos los guisantes y los pimientos (éstos cortados muy finos). Rehogaremos este relleno en la manteca de cerdo con un poco de sal.

Batiremos los huevos y echaremos el relleno, calentando el aceite, al fuego, en una sartén y cuajando la tortilla como es habitual.

162. Tortilla de chanquetes

Ingredientes para 4 personas:
6 huevos
4 cucharadas soperas de aceite
Unas ramas de perejil fresco
1 diente de ajo
1/2 kilo de chanquetes
1 cucharada sopera de pimentón rojo dulce
2 cucharillas de café de zumo de limón colado.

Escogeremos los chanquetes frescos, y los limpiaremos, o lavaremos, y dejándolos enteros los pasaremos ligeramente por un poco de aceite, en una sartén al fuego (reservándolos en un plato).

Separaremos las yemas de las claras, batiéndolas por separado hasta que queden bien esponjosas, sazonándolas con sal, y agregándoles el perejil finamente picado.

Pondremos al fuego una sartén grande con el resto del aceite, y en ella freiremos el ajo picadito e incorporaremos la mitad de los huevos batidos. Encima pondremos los chanquetes y los espolvorearemos con el pimentón encarnado agregando el zumo del limón, añadiremos el resto de los huevos batidos por encima, alisándolo bien y cuajando la tortilla. Deberemos hacerla poco a poco para que el pescado se pase.

Cuando se dore la parte de abajo le daremos vuelta, para que se dore por ambos lados.

Servirla en seguida que esté hecha.

Capítulo VIII

PESCADO, MARISCO Y BACALAO

163. Pescada a la chiclanera
164. Pescada en blanco con huevos a la malagueña
165. Pescada en escabeche
166. Pescada en salsa lucentina
167. Pescada a la vinagreta
168. Pescada a lo mayordomo
169. Pescada rellena
170. Merluza gratinada a la andaluza
171. Merluza a la Alhambra
172. Merluza al jerez
173. Merluza frita al estilo gaditano
174. Corvina a la andaluza
175. Corvina al vino blanco
176. Corvina en salsa de pepinillos
177. Corvina con hinojo a la jerezana
178. Japuta con salsa a la gaditana
179. Japuta en adobo y frita
180. Rape a la malagueña
181. Rape con pimentón
182. Mujol al horno
183. Atún mechado
184. Rulada de bonito con aceitunas
185. Breca a la playera
186. Breca a la marenga
187. Rubio a la casera
188. Rubio al horno con guisantes
189. Pez-limón a la malagueña
190. Pez-limón estofado
191. Salmón a la andaluza
192. Lisa en amarillo
193. Salmonetes fritos
194. Acedías o platija en sobreusa
195. Besugos en moraga
196. Róbalo en salsa de ostras
197. Filetes de rodaballo
198. Calamares fritos a la andaluza
199. Sardinas al estilo de Sacro Monte
200. Sardinas en cazuela
201. Espetos o espetones del palo (sardinas)
202. Escabeche de sardinas
203. Pimentón de sardinas
204. Moraga de sardinas a la granadina
205. Boquerones malagueños
206. Boquerones rebozados
207. Chanquetes
208. Lenguado al plato
209. Lenguados fritos a la gaditana

163. Pescada[1] a la chiclanera

Ingredientes para 4 personas:

1 pescada de 1 kilo de peso
2 dientes de ajo
1 cucharada sopera de vinagre
Perejil fresco
100 gramos de miga de pan remojada
Sal
8 cucharadas soperas de aceite.

Limpiaremos la pescada, cortándola en rodajas gruesas que colocaremos en una fuente de horno con parte del aceite y sal. La meteremos en el horno.

Machacaremos en el mortero los dientes de ajo y un poco de perejil, le agregaremos el pan remojado en agua y, poco a poco, el resto del aceite. Cuando esté hecho una pasta le añadiremos el vinagre vertiéndolo por encima del pescado.

Cuando esté dorado y bien cocido lo serviremos a la mesa en la misma fuente.

[1] Llámase pescada a la merluza pequeña o pescadilla.

164. Pescada[1] en blanco con huevos a la malagueña

Ingredientes para 4 personas:

1 kilo de pescada cortada en ruedas
2 limones
Sal
Agua
2 yemas
1/4 litro de aceite fino.

Lavaremos el pescado y lo dejaremos sobre un paño para que escurra. Le daremos sal por ambos lados, y lo coceremos, en un pote o cazuela al fuego, con el agua justa, el zumo de uno de los limones y sal. El hervor durará 8-10 minutos.

Con las yemas, en un recipiente que no sea metálico, y el aceite haremos una mahonesa a la que, una vez en su punto, le incorporaremos el agua (fría) del cocimiento de la pescada, moviendo la salsa sin cesar.

Cubriremos con ella las rodajas de pescada añadiéndole el otro limón, cortado en ruedas.

[1] Llámase pescada a la merluza pequeña o pescadilla.

165. Pescada[1] en escabeche

Ingredientes para 4 personas:

1 kilo de pescada cortada en ruedas
Sal
4 cucharadas soperas de harina
7 cucharadas soperas de aceite

Lavaremos y limpiaremos la pescada dándole sal y pasándola por la harina; la freiremos en el aceite puesto en una sartén, al fuego. Según se vayan friendo las dejaremos en una cazuela de barro honda.

[1] Llámase pescada a la merluza pequeña o pescadilla.

Unas hebras de azafrán
3 granos de comino
Un poco de jengibre
3 cucharadas soperas de vinagre
1 hoja de laurel
1 vaso de agua, de agua
1 limón.

En el mortero majaremos el azafrán, el comino, el jengibre y le añadiremos el vinagre y el agua, así como un poco de sal. Pondremos sobre la pescada la hoja de laurel y la verteremos lo del mortero (que es el escabeche); por último, trozos cortados del limón. En este escabeche permanecerá 24 horas, comiéndose después en frío.

166. Pescada [1] en salsa lucentina

Ingredientes para 4 personas:
1 kilo de pescada
1/4 kilo de tomates frescos
1 taza de desayuno de aceite
Sal
2 cucharadas soperas de vinagre
La miga de 100 gramos de pan
1 diente de ajo
4 huevos duros
Agua
1 cebolla.

Limpiaremos la pescada, y la cortaremos a trozos, poniéndola a cocer cubierta de agua fría, y con un poco del aceite y unos trozos de cebolla. Ya cocida le quitaremos las espinas y la dividiremos en trozos más bien grandes.

Machacaremos en el mortero el diente de ajo, un poco de sal y el tomate (quitada la piel).

Desmigaremos el pan y poco a poco lo iremos añadiendo bien majado, a lo ya unido, y el aceite poco a poco, trabajando siempre hacia el mismo lado. Cuando esté hecha una pasta fina, le agregaremos el vinagre y un poco de agua, de cocer la pescada, vertiendo esto sobre los trozos de pescada puestos en una fuente. Repartiremos alrededor los huevos duros pelados y cortados en discos.

[1] Llámase pescada a la merluza pequeña o pescadilla.

167. Pescada [1] a la vinagreta

Ingredientes para 4 personas:
1 kilo de pescada cortada en rodajas gruesas
Agua
Sal
3 cucharadas soperas de vinagre
3 cucharadas soperas de aceite
1 hoja de laurel
Perejil fresco
1/2 cebolla

Limpiaremos la pescada de espinas y la lavaremos, dejándola sobre una servilleta. Pondremos una olla al fuego con agua, una cucharada de vinagre y el laurel, sal y un poco de aceite y en ella coceremos las rodajas de pescada. Una vez cocidas las dejaremos enfriar en el mismo agua.

Prepararemos una salsa vinagreta fría compuesta por la cebolla, el pimiento rojo de lata, los pepinillos, el huevo duro

[1] Llámase pescada a la merluza pequeña o pescadilla.

1 pimiento rojo de lata
50 gramos de pepinillos
1 huevo duro
50 gramos de alcaparras.

(todo muy picado) y le añadiremos perejil, también picado, el resto del aceite y del vinagre, sal y un cucharón de agua.

Pasaremos las rodajas hervidas de pescada a una fuente y las cubriremos con la vinagreta sirviéndola en frío.

168. Pescada [1] a lo mayordomo

Ingredientes para 4 personas:
8 rodajas de pescada
3 zanahorias
4 patatas
Agua
Sal
1 pimiento verde o rojo fresco
2 tomates maduros
1 cebolla
2 cucharadas soperas de harina
Unas hebras de azafrán
1 limón
3 cucharadas soperas de aceite.

Limpiaremos y lavaremos las rodajas de pescada poniéndolas en una fuente de horno grande.

En una sartén con el aceite, puesta al fuego, haremos un sofrito con el pimiento, los tomates y la cebolla (todo pelado y picado) y, cuando esté rehogado, le añadiremos la harina, el azafrán, el zumo de limón colado, un tazón o más de agua y un poco de sal, dejándolo cocer lentamente.

Pelaremos las patatas y las cortaremos a trozos, haciendo otro tanto con las zanahorias y cociendo ambas cosas por separado en agua y sal, hasta que estén tiernos. Una vez hechas las retiraremos y escurriremos colocándolas en la fuente de la pescada.

Pasaremos o colaremos la salsa de la sartén sobre las rodajas de pescada, patatas y zanahorias, y meteremos la fuente al horno a que se haga. Servir cuando esté hecha la pescada y procurando que sea muy caliente.

[1] Llámase pescada a la merluza pequeña o pescadilla.

169. Pescada [1] rellena

Ingredientes para 6 personas:
1 pescada de 2 kilos de peso
Agua
Sal
Un casco de cebolla
Pimienta blanca en polvo
100 gramos de pescado blanco cocido (mero, rape, merluza, lenguado)
2 huevos duros
Unas hebras de azafrán

Limpiar la pescada, entera, y abrirla de arriba abajo quitándole la espina y quedando como un bacalao. Lavar ligeramente en agua fría, escurrir y darle sal y pimienta. Cocer la cabeza y espinas de la pescada en agua con el casco de cebolla, un poco de prejil y sal.

Con el pescado blanco cocido o frito (bien picado), los huevos duros picados, las hebras de azafrán, los dientes de ajo, pan rallado, un poco de perejil (ambos trinchados) todo

[1] Llámase pescada a la merluza pequeña o pescadilla.

2 pimientos rojos de lata
2 dientes de ajo
Perejil fresco
2 cucharadas soperas de pan rallado
2 tomates frescos
1 cebolla
3 cucharadas de aceite
1 pimiento fresco verde o rojo.

mezclado y unido con un poco de caldo hecho de la cabeza y espinas, rellenaremos la pescada, cerrándola y atándola (como la carne para asar).

En una fuente pondremos un fondo compuesto por los tomates frescos cortados en rodajas, los pimientos de lata cortados a tiras, y la cebolla pelada y trinchada, sobre ello la pescada y sobre ésta el aceite; la meteremos al horno regándola, de vez en cuando, con el caldo de pescado. Una vez hecha y fría le quitaremos el hilo o cuerda, y la cortaremos en rodajas cubriéndola con todos su ingredientes y salsa pasados por el chino.

170. Merluza gratinada a la andaluza

Ingredientes para 4 personas:

1 kilo de merluza de la parte alta
Sal
Pimienta blanca en polvo
2 cucharadas de pan rallado
1 diente de ajo
Perejil fresco
6 cucharadas soperas de aceite fino.

Escamaremos bien la merluza abriéndola y haciéndole un corte; por el lado de la tripa le quitaremos la espina.

Echaremos un poco de aceite fino en una tartera de horno, y colocaremos la merluza, abierta, en la tartera, con la parte abierta hacia arriba; sazonaremos con sal y pimienta, y cubriremos con pan rallado, ajo, perejil, todo muy picadito y mezclado. Echaremos más aceite con una cuchara, con el fin de impregnar con él, el gratén, introduciremos la merluza en el horno hasta que la veamos bien dorada.

La serviremos en la misma tartera cuando ya esté hecha.

171. Merluza a la Alhambra

Ingredientes para 4 personas:

800 gramos de merluza
100 gramos de mantequilla
Perejil fresco
1 limón
75 gramos de pan rallado
2 dientes de ajo
3 cucharadas soperas de aceite
Sal.

Una vez escamada y limpia la merluza la cortaremos en filetes que sazonaremos con ajos picados y sal y los pondremos en un adobo con el aceite en el que estarán 1 hora. Transcurrido este tiempo dispondremos los filetes en una fuente de horno untada con un poco de la mantequilla, la cubriremos con el pan rallado, un poco de perejil fresco picado, y la rociaremos con zumo de limón. Así preparada pondremos por encima sobre ella el resto de la mantequilla, en pequeñas porciones, dejando la fuente en lugar fresco durante 1 hora. Cuando hayan pasado los 60 minutos la meteremos al horno hasta que la veamos hecha.

172. Merluza al jerez

Ingredientes para 4 personas:

8 rodajas de merluza
1 lata de champiñones
50 gramos de mantequilla
150 gramos de gambas
1/2 vaso de vino de jerez seco
1 limón
1/2 kilo de tomate maduro o una lata
2 cucharadas soperas de pan rallado
6 cucharadas soperas de aceite
Sal.

Limpiaremos la merluza rociándola con el zumo de limón y que repose un cuarto de hora. Mientras tanto prepararemos una salsa de tomate que pasaremos por el chino o prensa-purés.

Coceremos las gambas durante 10 minutos en agua hirviendo con sal; pasado el tiempo y retiradas del agua, las dejaremos enfriar pelándolas a continuación.

Pondremos la merluza, sazonada de sal, en una fuente de horno, añadiéndole por encima unos trocitos de mantequilla, y regándola con un poco de aceite; a continuación le agregaremos la mitad de las gambas (el resto lo reservaremos) machacadas en el mortero y desleídas con el vino, los champiñones, partidos, y un chorro de agua, rectificaremos de sal, y espolvorearemos con el pan rallado. La materemos a horno fuerte durante 10 minutos (el jugo no debe de consumirse del todo).

Serviremos la merluza en la misma fuente adornándola con las gambas reservadas. La salsa de tomate la presentaremos en una salsera aparte.

173. Merluza al estilo gaditano

Ingredientes para 4 personas:

800 gramos de merluza
6 cucharadas soperas de harina
1/4 de litro de aceite
Sal
1 limón.

Quitaremos la piel y espinas a la merluza, cortándola en pedazos pequeños, que sazonaremos y pasaremos después por harina, friéndolos en abundante aceite puesto en una sartén al fuego y muy caliente. La serviremos inmediatamente, acompañando de rodajas cortadas del limón.

174. Corvina [1] a la andaluza

Ingredientes para 4 personas:

1 corvina de 1.200 gramos cortada a trozos
2 tomates maduros
2 cebollas

Lavar y limpiar los trozos de corvina. En el aceite, puesto en una sartén al fuego, hacer un sofrito con los tomates, cebollas y pimientos frescos, todo pelado y picado, a mitad de su

[1] Pescado parecido al pagel.

2 pimientos frescos rojos o verdes
1 hoja de laurel
1/2 vasito de vino de jerez seco
1 vaso de agua, de agua
Sal
6 cucharadas soperas de aceite
2 pimientos rojos de lata.

rehogo incorporaremos los pimientos de lata muy picados y el jerez unido al vaso de agua, así como un poco de sal. Preparar la corvina en una fuente de horno poniéndole encima la hoja de laurel y cubriéndola con el sofrito. La meteremos en el horno a que se haga sirviéndola muy caliente.

175. Corvina [1] al vino blanco

Ingredientes para 4 personas:
1 corvina entera de un peso de 1200 gramos
1 cebolla
10 cucharadas soperas de vino blanco
2 cucharadas soperas de harina
Sal
Pimienta blanca en polvo
4 cucharadas soperas de aceite
Un poco de nuez moscada
1 limón.

Limpiaremos y lavaremos la corvina disponiéndola en una fuente de horno.

Freiremos en el aceite, puesto en una sartén al fuego, la cebolla pelada y picada y así que esté dorada le adicionaremos la harina, sal, pimienta, el vino blanco, un poco de nuez moscada rallada y que hierva unos 5-8 minutos. Colocaremos la salsa sobre la corvina y meteremos ésta al horno hasta que la veamos hecha.

La serviremos en la misma fuente de cocción y adornada con el limón cortado en ruedas.

---

[1] Pescado parecido al pagel.

176. Corvina [1] en salsa de pepinillos

Ingredientes para 4 personas:
1 corvina de 1200 gramos de peso cortada en rodajas
2 cebollas
4 cucharadas soperas de puré de tomate
Caldo de pescado hecho con los desperdicios y cabeza de la corvina y con unas hebras de azafrán
Sal
100 gramos de pepinillos en vinagre
6 cucharadas soperas de aceite.

Lavaremos y limpiaremos las rodajas de corvina dejándolas en una placa de horno. En el aceite, puesto en una sartén al fuego, haremos una salsa con las cebollas peladas y picadas, el puré de tomate, y así que esté todo muy frito, le añadiremos como dos cucharones de caldo de pescado con azafrán y un poco de sal. Colaremos esta salsa sobre la corvina y la meteremos a hacer al horno habiéndola puesto, antes, los pepinillos cortados en ruedas finas sobre ella.

La serviremos recién sacada del horno.

---

[1] Pescado parecido al pagel.

177. Corvina [1] con hinojo a la jerezana

Ingredientes para 8 personas:

1 corvina de 3 kilos de peso
1/2 litro de «fumé» [2] de pescado
2 decilitros de aceite de oliva
2 decilitros de vino de jerez
1/2 kilo de cebollas
1/2 kilo de tomates frescos
100 gramos de hinojo en rama
6 dientes de ajo
Sal
Pimienta blanca en polvo
1 hoja de laurel
1 kilo de patatas cocidas al vapor
Perejil fresco.

Escamaremos bien la corvina abriéndola por el vientre y extrayéndole las tripas y agallas, la lavaremos por dentro y por fuera, sazonándola con sal y pimienta y rociándola con un poco del vino de jerez; cortaremos el hinojo en bastoncillos de un centímetro y los clavaremos sobre el lomo del pescado.

En una fuente de horno suficientemente grande para la corvina, rehogaremos la cebolla picada finamente con parte del aceite de oliva, y los ajos (picados); cuando esté todo a medio rehogar pondremos la corvina encima, rociándola con dos cucharadas soperas de aceite y metiéndola al horno, que debe estar muy caliente. En él la dejaremos cocer 12 minutos de cada lado; pasado este tiempo le agregaremos el vino restante y un poco de «fumé» de pescado, siguiendo rociando el pescado hasta que termine de cocerse (que no debe pasar de 40 a 50 minutos).

Pelaremos los tomates y les quitaremos la semilla, cortándolos finamente y preparando con ellos una salsa, bien sazonada de sal, pimienta y con la hoja de laurel.

Serviremos en una bandeja el pescado, con la cebolla en un lado, la salsa de tomate en el otro, guarnecida de las patatas al vapor y bien rociado con el jugo donde ha cocido, y perejil picado.

---

[1] Pescado parecido al pagel.
[2] Caldo concentrado de pescado.

178. Japuta [1] con salsa a la gaditana

Ingredientes para 4 personas:

1 kilo de filetes de japuta sin piel ni espinas
Agua
Sal
1 casco de cebolla
Perejil fresco
4 cucharadas soperas de aceite
2 tomates

Con las espinas y cabeza de la japuta, agua, sal, un poco de perejil y el casco de cebolla, prepararemos en una olla, al fuego, un poco de caldo de pescado.

Haremos aparte un sofrito o salsa con el aceite, puesto en una sartén sobre el fuego, y agregándole los tomates y pimientos de lata, ambos picados, y así que estén algo pasados

---

[1] Pescado conocido también como negrito, palometa, zapatero y castañola.

2 pimientos rojos de lata
2 cucharadas soperas de harina
2 dientes de ajo
Unas hebras de azafrán
2 huevos duros.

incorporando la harina y un cuarto de litro de caldo de pescado. Los ajos y el azafrán los majaremos en el mortero y echaremos a la salsa, así como un poco de sal. Colada por el chino la echaremos sobre los filetes de japuta dispuestos en una fuente de horno. Pelaremos los huevos duros y los cortaremos en discos añadiéndolos sobre los filetes. Por último, haremos el pescado a horno moderado unos 20-30 minutos, sirviéndolo en la misma fuente de cocción.

179. Japuta [1] en adobo y frita

Ingredientes para 4 personas:

1 kilo de rodajas de japuta sin piel
2 dientes de ajo picados
1 hoja de laurel
2 granos de pimienta
Un poco de orégano
1 cucharada sopera de vinagre
Pimienta blanca en polvo
Sal
Agua
1/4 kilo de harina
1/2 litro, o menos, de aceite.

Procederemos, en primer lugar, a poner en adobo las rodajas de japuta (después de bien lavadas). Este adobo (en una cazuela de barro, nunca en recipiente metálico) estará compuesto por los ajos picados, la hoja de laurel, los granos de pimienta, el orégano, el vinagre, pimienta, sal y dos cucharadas soperas de agua. En este adobo permanecerá 4 horas.

Pasado dicho tiempo, y bien escurrida, la pasaremos por la harina y la freiremos en abundante aceite.

La serviremos recién hecha.

[1] Pescado conocido también como negrito, palometa, zapatero y castañola.

180. Rape a la malagueña

Ingredientes para 4 personas:

1 kilo de rape
1 cebolla
4 cucharadas soperas de aceite
12 almendras tostadas
1/2 kilo de tomates
1 rebanada de pan
Unas hebras de azafrán
Ajo
Perejil fresco
Sal.

Cortaremos al rape en rodajas y las colocaremos en una fuente de barro, espolvoreándolo con un poco de sal y metiéndolo al horno unos 10 minutos.

En una sartén al fuego pondremos a calentar el aceite y freiremos en él la rebanada de pan, unas ramas de perejil y las almendras. Cuando todo esté frito, lo echaremos en el mortero. En el mismo aceite freiremos la cebolla muy picada y cuando empiece a dorarse, añadiremos los tomates picados, dejándolo freír 10 minutos. Lo pasaremos por el chino volviendo a ponerlo en la sartén.

Machacaremos los avíos del mortero con cinco hebras de azafrán y lo desleiremos con un poco de agua, de la que suelta el rape, vertiendo todo sobre el pescado, junto con la salsa de tomate.

Sazonaremos con sal y pimienta y que cueza, muy despacio, unos 15 minutos.

Debe quedar un poco de salsa.

181. Rape con pimentón

Ingredientes para 4 personas:

1 kilo de rape
1 hoja de laurel
1 /8 de litro de aceite
2 dientes de ajo
1 cucharada sopera de pimentón rojo dulce
Sal
2 cucharadas soperas de vinagre.

Después de limpio el rape lo cortaremos en rodajas y dejaremos éstas en una cazuela.

Haremos un majado con los ajos, el pimentón, todo batido con el octavo de litro de aceite, y sazonando con sal y vinagre, le añadiremos la hoja de laurel y verteremos todo sobre el pescado, dejándolo cocer sobre el fuego, despacio, unos 15 minutos.

182. Mujol al horno

Ingredientes para 4 personas:

1 pieza de 1 kilo de mujol
1 cebolla
75 gramos de mantequilla
1 limón
1 cucharilla de café de perejil fresco picado
Sal.

Lavaremos y abriremos el mujol, sacándole la tripa. Seguidamente lo sazonaremos con sal y pondremos en una fuente de horno, echándole por encima la mantequilla y la cebolla picada menuda. A continuación lo meteremos al horno y, cuando esté a medio asar, le agregaremos el perejil y el zumo de limón, metiéndolo de nuevo al horno hasta que la cebolla esté bien dorada y el mujol asado.

183. Atún mechado

Ingredientes para 4 personas:

1 kilo de atún en una rodaja del centro
50 gramos de manteca de cerdo
3 dientes de ajo
Perejil fresco
1 clavo
1 hoja de laurel
3 cucharadas soperas de harina
50 gramos de tocino fresco

Quitaremos la piel del atún y lo pondremos en agua fría para que se desangre una media hora. Después mecharemos el trozo con ayuda de un cuchillo fino, poniendo en cada mecha un trozo de tocino, un grano de pimienta y un poquito de ajo.

Ya mechado, lo envolveremos en la harina.

En una sartén echaremos la manteca de cerdo y la pondremos al fuego, rehogando en ella el trozo de atún y dejándolo, ya rehogado, en una cazuela proporcionada; en la

3 granos de pimienta
1 zanahoria
1 vaso de agua de vino blanco
Agua
4 patatas cocidas al vapor.

misma grasa freiremos, poco a poco, la cebolla y zanahorias peladas y picadas y los dientes de ajo, también picados. Todo junto lo verteremos sobre el atún, agregando los granos de pimienta, el clavo y el laurel, el perejil (picado), el vino blanco y otro vaso igual de agua. Lo taparemos y que hierva, despacio, durante 1 hora o más. Cuando se haya consumido parte del caldo lo pondremos en el horno otra media hora, hasta que se dore. Ya en la fuente de servirlo, pasaremos toda su salsa por un colador, echándosela por encima y sirviendo el atún con las patatas cocidas al vapor.

184. Rulada de bonito con aceitunas

Ingredientes para 4 personas:
1 kilo de bonito en un solo trozo
1 cebolla
1 cucharada sopera de harina
200 gramos de tocino fresco
1 vaso de vino, de vino blanco seco
3 huevos
2 cucharadas soperas de miga de pan
Aceitunas sin hueso
1 diente de ajo
Perejil fresco
1 /2 litro, o menos, de aceite
Sal
3 cucharadas soperas de leche.

Picaremos la carne del bonito junto con el tocino y la cebolla, de forma que quede muy fino. Ya picado, lo sazonaremos con sal, el ajo y un poco de perejil machacados en el mortero. Remojaremos la miga de pan en la leche y, después, la escurriremos agregándola a la mezcla; añadiremos los huevos batidos y la cucharada de harina, formando con todo ello unos rollos que dejaremos en una cazuela de horno, rociándolos con un poco de aceite fino y metiéndolos al horno hasta que estén dorados. Cuando comiencen a dorarse les echaremos por encima el vino blanco. Lo serviremos caliente o frío, y adornado con las aceitunas fritas.

Cómo se preparan las aceitunas en Andalucía para este plato:

Las aceitunas deben de ser sin hueso, pincharemos cada una en un palillo, y la envolveremos en salsa bechamel espesa, hasta que logren el tamaño de una nuez aproximadamente, rebozándolas en huevo batido y pasándolas por pan rallado. Por último, las freiremos en abundante aceite muy caliente.

185. Breca a la playera

Ingredientes para 4 personas:
1 breca de 1.200 gramos de peso
3 tomates rojos

Lavaremos y limpiaremos la breca cortándola a trozos y colocándolos en una cazuela de barro. Todo en frío, y en crudo, le iremos agregando los tomates, pelados y enteros, la

1 cebolla
3 pimientos frescos verdes o rojos
Perejil fresco
2 dientes de ajo
1 hoja de laurel
1 cucharón de aceite
4 granos de pimienta
4 patatas
Unas hebras de azafrán
1 cucharón de agua
Sal
1 limón.

cebolla y los pimientos picados, perejil y ajos trinchados, la hoja de laurel, el aceite, los granos de pimienta y las patatas peladas y cortadas en cascos.

En el mortero majaremos el azafrán y lo añadiremos al pescado, junto con el agua. Pondremos sal y colocaremos la cazuela al fuego a que se haga poco a poco. Poco antes de su total cocción le adicionaremos el zumo de limón colado.

186. Breca a la marenga

Ingredientes para 4 personas:

4 rodajas de breca gordas o bien 8 rodajas más pequeñas
Ruedas de tomate rojo, tantas como rodajas de pescado
2 cebolletas
2 dientes de ajo
Perejil picado
6 langostinos cocidos
1 hoja de laurel
1 limón
Sal
6 cucharadas soperas de aceite
Unas hebras de azafrán
1 taza de desayuno de agua
2 pimientos rojos de lata.

Lavaremos el pescado y lo dispondremos en una fuente de horno, echaremos sal y pondremos una rueda de tomate sobre cada rodaja de pescado.

Prepararemos un picadillo compuesto por las cebolletas, ajos, perejil y los langostinos pelados y cubriremos con ello el pescado, agregando el zumo del limón, la hoja de laurel, el azafrán majado, el aceite y el agua.

Meteremos la fuente al horno hasta que esté hecho el pescado. Decoraremos la fuente con los pimientos rojos de lata cortados a tiras.

187. Rubio a la casera

Ingredientes para 4 personas:

1 kilo de rubio cortado a trozos
2 dientes de ajo
Perejil fresco
2 tomates
2 pimientos frescos verdes
1 limón
Sal
Pimienta blanca en polvo
1 cucharón de aceite
Unas hebras de azafrán
2 cucharones de agua o caldo de pescado.

Lavaremos y limpiaremos bien el pescado disponiéndolo en una cazuela de barro y echándole sal.

Le agregaremos encima los ajos, los pimientos, los tomates y un poco de perejil, todo muy picado, así como el zumo colado del limón y un poco de pimienta blanca. Después, y meneando la cazuela, le incorporaremos el aceite, las hebras de azafrán (majadas al mortero) y el agua o el caldo de pescado, colocando la cazuela al fuego a que se haga poco a poco.

Lo serviremos muy caliente en el mismo recipiente de cocción.

188. Rubio al horno con guisantes

Ingredientes para 4 personas:
1 kilo de rubio cortado a ruedas
3 cebollas
2 cucharadas soperas de puré de tomate
Sal
1 limón
Nuez moscada
500 gramos de guisantes frescos desgranados o su equivalencia en guisantes de lata
1 cucharón de caldo [1]
6 cucharadas soperas de aceite
Agua.

En una fuente de horno, con un poco de aceite en su fondo, dispondremos las ruedas de rubio, lavadas, sin espinas y con sal. Picaremos sobre ellas dos de las tres cebollas que tenemos.

Aparte, en el resto del aceite puesto al fuego en una sartén, freiremos la otra cebolla pelada y picada, incorporándole el puré de tomate, sal, un poco de nuez moscada rallada y el jugo del limón (colado) así como el caldo. Que todo cueza 10-15 minutos.

Coceremos en agua con sal los guisantes (si no son de lata). Ya cocidos los incorporaremos al pescado, así como lo preparado en la sartén, metiendo al horno la fuente unos 20-30 minutos hasta que el pescado esté en su punto.

[1] Puede ser de cubitos.

189. Pez-limón [1] a la malagueña

Ingredientes para 4 personas:
1 kilo de pez-limón cortado más bien en trozos pequeños
3 cucharadas soperas de manteca de cerdo
2 tomates
2 pimientos frescos verdes
1 cebolla
2 dientes de ajo
Perejil fresco
1 hoja de laurel
1 cucharada sopera de pimentón rojo dulce
Sal
1 cucharón de agua.

Lavaremos el pescado y lo secaremos un poco. En una fuente de horno echaremos un poco del aceite, disponiendo el pez-limón y, sobre los trozos de pescado, iremos poniendo: sal, los tomates picados, los pimientos cortados a trozos, la cebolla, los dientes de ajo y perejil (todo muy picado), la hoja de laurel, el pimentón y el agua. Menearemos un poco la fuente para que todo se desparrame bien y meteremos la fuente al horno unos 20-30 minutos.

Una vez el pescado en su punto retiraremos los trozos de pez-limón a una fuente de mesa y colaremos su salsa sobre ellos.

[1] El pez-limón es de la familia de los atunes, pero de carne más blanca.

190. Pez-limón [1] estofado

Ingredientes para 4 personas:
1 kilo de pez-limón cortado a trozos
Sal
2 cebollas

Lavaremos y prepararemos el pez-limón en una fuente o cazuela de barro que, después, podamos meter al horno. Le

[1] El pez-limón es de la familia de los atunes pero de carne más blanca.

Perejil fresco
2 dientes de ajo
Un poco de azafrán en hebra
6 cucharadas soperas de aceite
1 clavo
1/4 de litro de vino blanco seco
1 hoja de laurel
Pimienta blanca en polvo.

echaremos sal, pimienta, las cebollas peladas y cortadas en filetes o aros, el perejil y los ajos picados, el azafrán y el clavo majados al mortero y desleidos con el aceite. Colocaremos la hoja de laurel y le echaremos el vino blanco, poniendo la cazuela o fuente sobre el fuego a que rompa a hervir, en ese momento la meteremos a horno caliente 25-35 minutos.

El pez-limón estofado lo presentaremos a la mesa en una fuente apropiada, con la salsa bien triturada sobre él.

191. Salmón a la andaluza

Ingredientes para 4 personas:
1 kilo de salmón
100 gramos de manteca de vaca
2 cucharadas soperas de vinagre
2 granos de pimienta
100 gramos de aceitunas sin hueso
Sal
Perejil fresco
2 cucharadas soperas de aceite
1 cebolla
2 huevos duros
Salsa fría al gusto.

Limpiaremos con un paño (sin lavarlo) el salmón, poniéndolo en una cazuela, al fuego, con las aceitunas cortadas, perejil y cebolla picados, sal y los granos de pimienta, el aceite, el vinagre y la manteca fresca. Lo dejaremos cocer 15-20 minutos. Retiraremos el pescado y lo serviremos, guarnecido con los huevos duros pelados y picados y una salsa fría.

192. Lisa en amarillo

Ingredientes para 4 personas:
1 kilo de lisa
2 dientes de ajo
1 cebolla pequeña
el zumo de 1 limón colado
2 rebanadas de pan frito
1/8 de litro de aceite
5 gramos de azafrán
Sal
Agua.

Limpiaremos el pescado, cortándolo en trozos grandes y poniendo éstos en una cazuela de barro.

Freiremos en el aceite, puesto en una sartén al fuego, las rebanadas de pan, hasta que se doren, retirándolas al mortero, freiremos en el aceite el ajo y la cebolla ambos picados. Los echaremos al mortero con el pan (y el aceite de freír todo lo verteremos sobre el pescado).

Machacaremos todos los avíos fritos con el azafrán, hecho una pasta, lo diluiremos en un poco de agua echándolo sobre el pescado, y agregando el zumo de limón y un poco de sal. Lo dejaremos cocer, a fuego lento, durante 10 minutos, sirviéndolo en la misma cazuela de cocción.

193. Salmonetes fritos

Ingredientes para 4 personas:
1 kilo de salmonetes
150 gramos de harina
1 /2 litro de aceite
1 limón.

Lavaremos bien los salmonetes sazonándolos con sal. Seguidamente los rebozaremos con la harina y los freiremos en abundante aceite muy caliente.

Los escogeremos de los llamados de ración, o bien muy pequeños, que son también muy ricos sobre todo si se comen recién hechos.

Los acompañaremos de rodajas de limón.

194. Acedías o platija [1] en sobreusa

Ingredientes para 4 personas:
1 kilo de acedías
1 cebolla
150 gramos de tomates frescos
6 cucharadas soperas de aceite
Pimienta blanca en polvo
Sal
1 pimiento fresco verde
1 diente de ajo
2 pimientos secos
100 gramos de miga de pan
8 cucharadas soperas de harina
1 decilitro de agua.

Las acedías una vez limpias y secas las freiremos en parte del aceite, enharinadas.

Picaremos finamente el tomate, el pimiento verde y la cebolla. Sobre el fuego pondremos una sartén con el resto del aceite y en él freiremos el ajo, y cuando esté doradito lo retiraremos al mortero. En el aceite echaremos el pimiento y la cebolla, y a continuación el tomate, dejando freír a fuego lento todo el conjunto.

Coceremos los pimientos secos, previamente remojados, los escurriremos y echaremos al mortero, con un poco de pimienta y sal, lo machacaremos hasta hacer con ello una pasta, le agregaremos la miga de pan empapada en agua y estrujada, y lo desleiremos todo con el decilitro de agua vertiéndolo en una cazuela, y dejando que rompa a hervir. Introduciremos las acedías en la salsa, dejándolas un rato en el fuego para que cuezan, poco a poco, unos 5 minutos. Podemos servirlas a continuación.

[1] Pescado perteneciente a la familia de los lenguados.

195. Besugos en moraga

Ingredientes para 4 personas:
2 besugos de 800 a 1.000 gramos de peso cada uno
Sal

Limpiaremos, escamaremos y lavaremos los besugos enteros, les daremos sal y colocaremos en una besuguera grande con tapa. Sobre ellos (todo en frío y en crudo) iremos poniendo perejil y ajos (picados), las hojas de laurel enteras, el

Perejil
2 dientes de ajo
2 hojas de laurel
1 limón
Unas hebras de azafrán
1 vasito de vino, de vino blanco
3 cucharadas soperas de aceite
1 cucharón de caldo de pescado o agua.

azafrán majado al mortero y disuelto en el vino blanco, el limón, su zumo, colado, el aceite y el caldo de pescado o agua. Muy bien tapado el utensilio o cacharro de cocina en que los hemos preparado, lo pondremos sobre el fuego a que se haga, con moderación, unos 20-30 minutos. Vigilaremos durante su cocinado y moveremos el utensilio.

Los serviremos puestos en una fuente de mesa y con su propia salsa sin colar.

196. Róbalo en salsa de ostras

Ingredientes para 4 personas:

1 kilo de róbalo cortado a rodajas
12 ostras vivas que sean gordas
1 cebolla
Sal
Agua
1 lata mediana de puré de tomate
Pimienta negra en polvo
6 cucharadas de aceite
Perejil fresco.

Lavaremos el róbalo y lo dejaremos escurrir. En agua con sal coceremos las ostras. Una vez cocidas retiraremos el bicho de dentro y lo picaremos, reservando el agua de cocción pero pasada por un tamiz fino.

Pelaremos la cebolla picándola muy bien, friéndola en parte del aceite (dejaremos sólo un poco para engrasar la fuente de horno), una vez frita le adicionaremos el puré de tomate, el bicho picado de las ostras, sal, un poco de pimienta y un cucharón del agua reservada y colada que tenemos.

Untaremos, con el resto del aceite, una fuente de horno poniendo en ella las rodajas de róbalo, echando el anterior compuesto sobre el pescado así como abundante perejil picado. Lo meteremos al horno 25-30 minutos y lo serviremos muy caliente a la mesa.

197. Filetes de rodaballo

Ingredientes para 4 personas:

1.200 gramos de rodaballo cortado en filetes
8 cucharadas soperas de vino blanco seco
4 cucharadas soperas de coñac
1/2 litro de caldo de pescado
4 tomates frescos
50 gramos de champiñones frescos o de lata
3 pimientos frescos verdes

Lavaremos los filetes y los cortaremos un poco si son muy grandes. Untaremos una fuente con un poco de mantequilla y pondremos los filetes tapándoles con papel aluminio y dejándolos en lugar fresco.

Cortaremos las cebollas en rajitas finas, poniéndolas en una cacerolita al fuego con un poco de mantequilla y lo rehogaremos muy lentamente, pues ha de hacerse sin dorarse apenas.

Meteremos los tomates en agua hirviendo durante unos instantes para poderlos pelar fácilmente; pelados los partire-

125 gramos de mantequilla
1/2 limón
1 cucharada sopera llena de perejil picado
Pimienta blanca o negra en polvo
Sal
2 cebollas
2 cucharadas soperas de pan rallado.

mos por la mitad, apretándolos un poco para extraerles las pepitas y el agua y los trincharemos en trozos finos, reservándolos en un plato.

Lavaremos los champiñones, si son frescos; si no, los escurriremos, cortándolos en lamas finas.

Cortaremos los pimientos en dos (a lo largo) y luego a tiras, reservándolos. Colaremos el caldo de pescado. Si resultara más cantidad que un cuarto de litro lo haremos hervir hasta dejarlo reducido a dicha cantidad.

Preparado todo procederemos como sigue: sazonaremos los filetes con sal y pimienta, echándoles el caldo de pescado, el vino y el coñac. Encima de los filetes colocaremos por capas los champiñones, las cebollas, los tomates y los filetes de pimiento, formando con estos últimos un enrejado. Espolvorearemos toda la superficie con pan rallado, rociando este con lo restante de la mantequilla, previamente derretida. Hecho esto pondremos la tartera encima del fuego y una vez establecido el hervor lo meteremos al horno que tendrá buena temperatura (más bien más que menos). Aproximadamente necesitará 25-30 minutos de horno. Ha de quedar bien gratinado. Conseguido esto lo retiraremos del horno. Echaremos por encima unas gotas de limón, espolvoreándolo con el perejil picado y lo serviremos en seguida y en la misma tartera de cocción.

198. Calamares fritos a la andaluza

Ingredientes para 4 personas:

800 gramos de calamares
1/4 de kilo de harina
1/2 litro o menos de aceite
Sal fina.

Limpiaremos, vaciaremos y lavaremos los calamares con agua, retirándoles una especie de espada que tienen dentro, tiraremos las cabezas y ojos y cortaremos lo demás a rodajas finas a las que daremos sal, que rebozaremos en el harina, las sacudiremos un poco y las freiremos en aceite abundante muy caliente, retirándolas rápidamente, pues si se dejan demasiado tiempo se endurecerían con facilidad.

199. Sardinas al estilo de Sacro Monte

Ingredientes para 2 personas:

3 docenas de sardinas
1/2 kilo de tomate

Las sardinas las escamaremos bien y limpiaremos de tripa y cabeza, secándolas y poniéndolas en una cazuela de barro, las sazonaremos con sal rociándolas con parte del aceite y

1 cebolla grande
1 hoja de laurel
1 cucharilla de café de pimentón rojo dulce
1/4 de litro de aceite
Sal.

cubriéndolas con la cebolla pelada y picada. Con el tomate, aceite, sal, etc., prepararemos una salsa clarita, la cual adicionaremos a las sardinas, agregándoles, por último, la hoja de laurel y la cucharilla de pimentón. Pondremos la cazuela al fuego, dejándolas hacer lentamente y sacudiendo la cazuela de vez en cuando para que no se peguen al fondo.

Pasados 15 ó 20 minutos serviremos las sardinas en la misma cazuela de cocción.

200. Sardinas en cazuela

Ingredientes para 4 personas:

1 kilo de sardinas frescas y grandes
1 decilitro de aceite
1/2 kilo de tomates
Unas hebras de azafrán
1 cucharada sopera de pimentón rojo en polvo dulce
Pimienta blanca en polvo
2 dientes de ajo
1/2 kilo de cebollas
2 pimientos frescos verdes
Sal.

Prepararemos un picadillo con las cebollas, tomates, pimientos, ajos y perejil. Limpiaremos las sardinas quitándoles la espina del centro.

En una cazuela de barro pondremos un poco de picadillo en el fondo, rociaremos con aceite crudo y colocaremos una capa de sardinas, encima pondremos otra de picadillo, otra de sardina y así sucesivamente hasta colocarlas todas, cubriendo siempre la última de picadillo. Bien rociadas de aceite, las sazonaremos con la pimienta, sal y azafrán espolvoreado y lo taparemos con un plato puesto boca abajo, que cubra por completo la cazuela, y la colocaremos a fuego lento durante 2 ó 3 horas para que las sardinas tomen bien el sabor de todos los ingredientes.

201. Espetos o espetones del palo

(Plato clásico de las playas motrileñas y que debe comerse en la misma playa.)

Ingredientes para 4 personas:

1 kilo de sardinas recién pescadas de tamaño mediano
Sal fina.

Lavaremos con agua del mar las sardinas y, sin quitarles la cabeza ni las tripas, las dejaremos en una escurridera, echándoles sal.

Prepararemos unas cañas bien afiladas por uno de los extremos, de veinte centímetros de largo, y atravesaremos las sardinas por el centro, cuidando de atravesar la espina.

Anteriormente habremos encendido una hoguera de un metro de larga, pero estrecha, y cuando esté ya sin llama, clavaremos las cañas con las sardinas en el suelo, alrededor de la hoguera, y una vez asadas las serviremos en las mismas cañas.

202. Escabeche de sardinas

(Receta típica de Roquetas de Mar.)

Ingredientes para 4 personas:
1 kilo de sardinas
7 cucharadas soperas de aceite
Sal
2 dientes de ajo
1 hoja de laurel
1 litro de vinagre
Pimienta negra en polvo.

Limpiaremos las sardinas, quitándoles la cabeza, tripas y escamas. Una vez limpias y lavadas, prepararemos una cazuela de barro del modo siguiente: en el fondo colocaremos una capa de sardinas, dos o tres dientes de ajo picados y laurel, un poco de pimienta y sal, y así hasta colocar todas las sardinas.

Les echaremos el aceite por encima, y las cubriremos con el vinagre, tapándolas y poniéndolas al fuego, las dejaremos cocer muy lentamente, durante media hora. Una vez hechas las serviremos frías.

203. Pimentón de sardinas

Ingredientes para 4 personas:
1 kilo de sardinas
2 cucharadas soperas de pimentón rojo en polvo dulce
2 dientes de ajo
4 tomates
4 pimientos frescos rojos
2 cucharadas soperas de vinagre
Sal
25 gramos de pan fresco del día
4 cucharadas soperas de aceite
2 tazas de desayuno de caldo o Agua.

Limpiaremos y lavaremos las sardinas (con o sin cabeza según el gusto personal) y las dejaremos escurrir.

Escaldaremos los tomates y asaremos los pimientos para quitarles, a ambos, la piel, cortando los pimientos a tiras y triturando, en crudo, los tomates.

Majaremos en mortero los dientes de ajo, les agregaremos el tomate, los pimientos, el pimentón y el aceite, en forma de hilo muy lentamente y uniéndolo bien.

Pondremos las sardinas, con un poco de sal, en una cazuela, y sobre ellas echaremos el majado, el cual habremos disuelto con el caldo o el agua; incorporaremos el vinagre y pondremos la cazuela, al fuego, a que hierva de 10 a 15 minutos.

Serviremos las sardinas con rodajas de pan fresco.

204. Moraga de sardinas a la granadina

(Plato típico de toda Andalucía.)

Ingredientes para 4 personas:
1 kilo de sardinas muy frescas
1 diente de ajo

Quitaremos a las sardinas las escamas y la cabeza y las colocaremos en una cazuela de barro. Estrujaremos encima el limón y les echaremos el ajo y perejil picados, el vino blanco y

Perejil fresco
1 limón
Sal
1 vasito de vino de vino blanco
1 vasito de vino de aceite

el aceite, poniendo la cazuela sobre el fuego y dejándolas cocer despacio 12 minutos; pasados los cuales, las serviremos rápidamente en la misma cazuela.

205. Boquerones malagueños

Ingredientes para 4 personas:
1 kilo de boquerones (o más) que estén muy frescos
1 /4 de kilo de harina
1 /2 litro de aceite
Sal.

Igualmente en la bella Málaga, como en Cádiz, la Tacita de Plata, son famosos sus riquísimos pescados fritos. La receta que damos a continuación es muy sencilla y sirve para mucha clase de pescados diferentes.

Limpios los boquerones, los salaremos y pasaremos por harina, uniéndolos por la cola en medias docenas, llamados panojas, en forma de abanico. Lo freiremos en abundante aceite muy caliente, sirviéndolos en el acto; pues recién fritos, bien calentitos, es como mejor saben. Son riquísimos.

206. Boquerones rebozados

Ingredientes para 4 personas:
1 kilo de boquerones
1 /4 de kilo de harina
3 huevos
1 /2 litro de aceite
Sal fina
1 limón.

Limpiaremos los boquerones, que serán muy frescos, quitándoles la cabeza y la espina central. Lavados y secos con un trapo, les echaremos sal y pasaremos por harina. Batiremos los huevos y pondremos el aceite en una sartén al fuego, cuando esté caliente rebozaremos los boquerones con el huevo batido y los freiremos, bien por ambos lados, en el aceite caliente.

Los serviremos recién hechos y con trozos de limón.

207. Chanquetes

Ingredientes para 4 personas:
1 kilo de chanquetes o más muy frescos
1 /4 de kilo de harina
Sal fina
1 /2 litro de aceite.

Son famosos los chanquetes de Málaga y de Almería. Pescado pequeñísimo, de carne casi transparente.

Para su preparación los lavaremos, daremos sal y pasaremos por harina friéndolos en abundante aceite, los comeremos recién fritos, con rodajas de limón.

El pintor Zuloaga los llamaba «Espuma de mar frita».

208. Lenguado al plato

Ingredientes para 4 personas:

1 kilo de lenguados grandes
1/4 de litro de aceite
1 tacita de café de caldo
1 tacita de café de vino blanco
1 cebolla
3 cucharadas soperas de pan rallado
Pimienta blanca en polvo
Sal.

Despojaremos los lenguados de su piel y los colocaremos en una fuente de horno. Picaremos en la máquina la cebolla y se la adicionaremos al pescado, también le echaremos por encima el vino blanco y el caldo mezclados, espolvoreando con el pan rallado, sazonaremos con sal y pimienta y los rociaremos con el aceite frito y caliente. Los meteremos a cocer al horno a fuego lento durante 10/15 minutos.

209. Lenguados fritos a la gaditana

Ingredientes para 4 personas:

1 kilo y medio de lenguados
1/4 de kilo de harina
1 limón
1/4 de litro de leche
Perejil fresco
1/2 litro o más de aceite
Sal.

Podríamos asegurar que el pescado frito de Cádiz es famoso en todo el mundo. Esta receta que damos para los lenguados sirve, también, para las pescadillas y las acedías.

Los lenguados, limpios de cabeza y tripa, los pequeños los dejaremos enteros y los mayores los partiremos en trozos poniéndolos durante media hora a remojar en la leche. Pasado dicho tiempo, los salaremos y, pasándolos por la harina, los freiremos en abundante aceite muy caliente. Ya dorados, y retirados de su fritura, los serviremos recién hecho espolvoreados con perejil picado, y adornando la fuente con trozos de limón.

210. Anguilas al estilo morisco

Ingredientes para 4 personas:

2 anguilas medianas
1 lata de anchoas en filetes
1 cebolla
10 pepinillos en vinagre
2 dientes de ajo
1 limón
1 vaso de agua de vino blanco
1 hoja de laurel
Pimienta blanca en polvo
1 taza de desayuno de aceite
Sal.

Limpiaremos las anguilas dejándolas enteras y mechándolas con los filetes de anchoas y los pepinillos partidos, con la ayuda de la aguja de mechar. Seguidamente las frotaremos con los ajos, sazonándolas con sal y pimienta. Las enrollaremos y ataremos, colocándolas en una fuente de horno, rociándolas con el zumo de limón; les agregaremos la cebolla picada, el laurel, el vino blanco y el aceite; metiéndolas al horno durante media hora o algo más. En el momento de servirlas les quitaremos el hilo con que estaban sujetas, y, si lo deseamos, pasaremos la salsa por el colador o chino.

211. Abaja de pescados estilo de Algeciras

Ingredientes para 4 personas:

1.200 ó 1.500 gramos de pescados de varias clases (finos y más corrientes) pueden ser rape, pescada, acedías, merluza, lisa, atún, mero, raya, etc.
1 cebolla pequeña
1 copa de vino de vino blanco
1 tomate de tamaño mediano
2 decilitros de aceite
150 gramos de pan sentado (o sea, del día anterior)
6 dientes de ajo
Unas hebras de azafrán
2 granos de pimienta
Perejil fresco
Sal
Agua.

Los pescados, una vez limpios y cortados a trozos, no muy grandes, los pondremos a cocer cubiertos de agua, con el vino blanco y la sal correspondiente.

En una cazuela sobre el fuego, a la que habremos echado parte del aceite, rehogaremos la cebolla pelada y picada y uno de los dientes de ajo también picado; así que empiece a dorarse añadiremos el tomate pelado y picado y un poco de perejil también picado. Rehogaremos el tomate y mojaremos con la tercera parte del caldo de los pescados cocidos; herviremos y echaremos el pan desmenuzado (simplemente desmigado con los dedos, pues así es como lo hacen en Andalucía). Mientras cuece la sopa majaremos en el almirez el azafrán, la pimienta y un diente de ajo, y disolveremos todo, con unas gotas de aceite y un poco de caldo de los pescados, esto lo echaremos a la sopa. Cinco minutos más de cocción y la sopa estará terminada. Serviremos el pescado de segundo plato, preparado del modo siguiente:

Dispondremos una cazuela de barro. Machacaremos los ajos que nos quedan, y los disolveremos con el resto del aceite, añadiendo un poco de caldo de pescado, verteremos todo sobre el pescado, daremos unos hervores al conjunto y lo serviremos.

212. Fritos variados de pescado

Ingredientes para 4 personas:

2 pescadillas partidas a trozos
2 lenguados cortados a trozos
2 acedías cortadas a rodajas
2 calamares partidos a ruedas
250 gramos de boquerones
200 gramos de chanquetes
1/2 litro de aceite fino
Sal
1/4 kilo de harina.

Los fritos variados de pescado podemos presentarlos como entremés o como tapa, o bien como segundo plato de una comida o una cena.

El ama de casa andaluza suele combinar esta preparación culinaria con el pescado que tiene a mano.

El secreto de estos fritos (que se comen mucho en Cádiz y Málaga) consiste en freír mucho los pescados, en una sartén con poco fondo, y mucho aceite y esto lo haremos una vez que los pescados estén limpios, con sal, y pasados por la harina.

Algo que no debemos olvidar nunca es servirlos rápidamente a la mesa una vez que estén hechos.

213. Camarones [1] a la andaluza

Ingredientes para 4 personas:

18 camarones más bien gordos
300 gramos de tomates duros
6 cucharadas soperas de harina
Sal
3 dientes de ajo
1/4 de litro de aceite.

Lavaremos perfectamnete los camarones sazonándolos por ambos lados y pasándolos por la harina, sin quitarles la cáscara. Pondremos el aceite en una sartén, al fuego, y cuando el aceite esté caliente freiremos los camarones de forma que queden muy crujientes aunque no excesivamente fritos.

Pelaremos los tomates, cortándolos por su mitad a lo ancho, echándoles sal los freiremos en el mismo aceite que nos quedó de los camarones. Freiremos aparte, en un poco de aceite, los ajos y los incorporaremos a los tomates.

Serviremos los camarones en una fuente rodeada de los tomates y cubierto todo con el aceite que nos sobró de la fritura.

---

[1] Especie entre la gamba y el langostino, de tamaño más bien grande, y color rojo.

214. Mejillones con salsa de vino

Ingredientes para 4 personas:

4 docenas de mejillones grandes
1 limón
3 puerros blancos
1 vasito de vino lleno de vino blanco
1 cucharilla de café de harina
Sal
Pimienta blanca en polvo
Perejil fresco
1 cucharada sopera de mostaza
4 cucharadas soperas de aceite.

Limpiaremos bien los mejillones, raspándolos y lavándolos en agua salada con adición de vinagre. Los pondremos en una cazuela al fuego, con un poco de agua (poca). A medida que se abran, los sacaremos de su concha reservándolos en un recipiente, y regándolos al final con el jugo que se haya formado en la cazuela.

Picaremos los puerros finamente rehogándolos en una sartén al fuego con el aceite, cuando empiezan a adquirir color, les incorporaremos la harina, y echaremos el vino blanco y el caldo que soltaron los mejillones, dejando que cuezan durante 10 minutos, agregaremos entonces los mejillones, la mostaza, el zumo de medio limón y pimienta, así como un poco de sal.

Se comen fríos, y espolvoreados de abundante perejil fresco muy picado.

215. Mejillones con vino

Ingredientes para 4 personas:

2 1/2 kilos de mejillones frescos

Una vez bien limpios los mejillones los coceremos en agua y sal hasta que se abran, después bajaremos el fuego para que

Agua
Sal
3 dientes de ajo
Perejil fresco
8 cucharadas soperas de aceite de oliva
4 cucharadas soperas de vinagre
Sal fina.

terminen de cocerse bien. Los escurriremos y dejaremos enfriar.

Picaremos los ajos y el perejil uniendo ambas cosas.

Pondremos los mejillones en una fuente, abiertos, y los regaremos con aceite, vinagre y los cubriremos con el ajo-perejil.

Normalmente, en Andalucía, se comen como tapa o entremés.

216. Mejillones con huevos duros

Ingredientes para 4 personas:
$2\frac{1}{2}$ kilos de mejillones
6 huevos duros
Agua
Sal
1 limón
Sal fina
1 taza de desayuno de aceite
1/2 taza de desayuno de vinagre
Perejil fresco.

Coceremos perfectamente, en agua con sal, los mejillones, después de bien limpios. Escurridos y fríos les quitaremos las cáscaras.

Pelaremos y cortaremos a discos los huevos, uniendo mejillones y huevos en una fuente.

Batiremos el aceite con el vinagre y un poco de sal fina y lo regaremos sobre los mejillones y huevos. Pondremos unas ramitas de perejil fresco como adorno y el limón cortado en cuatro trozos.

217. Almejas a la sanluqueña

Ingredientes para 4 personas:
1.500 gramos de almejas
1 cucharada sopera de vino blanco
1 cucharada sopera de pimentón rojo en polvo dulce
Sal.

En una cazuela al fuego pondremos las almejas, después de lavarlas bien, les agregaremos el vino blanco, el pimentón y sal. Taparemos la cazuela y la pondremos al fuego, agitándola bien para que el pimentón les dé un color todo por igual.

Cuando estén todas las almejas abiertas las serviremos a la mesa.

218. Almejas al estilo del chato

Ingredientes para 4 personas:
$1\frac{1}{2}$ kilo de almejas grandes y frescas
1 vaso de vino lleno de vino blanco
7 cucharadas soperas de aceite

Lavaremos las almejas en varias aguas para que suelten bien la arena.

En una sartén al fuego freiremos el aceite con uno de los dientes de ajo. Cuando esté tostado lo retiraremos y freiremos el resto de los dientes de ajo, cortados en rodajitas finas. Al

4 dientes de ajo
1 hoja de laurel
Perejil fresco
1 cucharada sopera de pimentón rojo en Polvo dulce
Pimienta blanca en polvo
Sal.

dorarse los retiraremos del aceite y echaremos la hoja de laurel y el pimentón molido, moviendo sin parar para que no se quemen. Este compuesto lo echaremos sobre las almejas puestas en una cazuela, añadiendo un poco de perejil fresco picado y un poco de pimienta blanca.

Colocaremos la cazuela al fuego echando el vino blanco y la sal, y dejando hervir las almejas unos 8 minutos, así que estén abiertas todas las almejas las apartaremos del fuego y serviremos muy calientes, en la misma cazuela (si ésta se puede presentar a la mesa).

219. Almejas salteadas

Ingredientes para 4 personas:
1.500 gramos de almejas
8 cucharadas soperas de aceite de oliva
3 dientes de ajo
2 limones
Sal fina
Perejil fresco
1 cucharón de agua.

Prepararemos una cazuela al fuego, con el aceite, y le echaremos los ajos muy picados, salteando en ella las almejas (bien lavadas), así que estén abiertas las incorporaremos sal y el zumo de los dos limones colado, así como abundante perejil picado y el cucharón de agua. Las dejaremos hervir 10-15 minutos sirviéndolas muy calientes.

220. Muergos al estilo de Puerto Real

Ingredientes para 4 personas:
1 kilo de muergos
4 cucharadas soperas de aceite
2 dientes de ajo
1 rebanada de pan
1 cucharada sopera de pimentón rojo en polvo dulce
1 vasito de vino de vino blanco
Agua
Pimienta blanca en polvo.

Quitaremos la concha a los muergos y los lavaremos bien para que desaparezca la arena que tienen.

En una sartén grande al fuego, con el aceite, freiremos los ajos y el pan, así que estén fritos los retiraremos a un mortero, majándolos bien.

En el aceite freiremos ligeramente el pimentón, retirándolo un poco del fuego, para que no se ponga negro e incorporaremos los muergos, que se rehoguen un poco. Los echaremos después a una cazuela con el majado de ajo-pan diluido en un poco de agua, echaremos sal y pimienta y que cuezan, poco a poco y tapados, 1 hora.

221. Coquinas a la andaluza

Ingredientes para 4 personas:
1 kilo de coquinas
Agua
Sal
4 cucharadas de aceite
2 cebollas
2 pimientos frescos verdes
4 tomates frescos
2 cucharones de caldo de carne [1]

Lavaremos perfectamente este marisco pues puede tener arena y lo coceremos, en un puchero al fuego con agua y sal.

Aparte prepararemos un sofrito en una cazuela con el aceite, las cebollas, tomates y pimientos todo muy picado y sazonado.

Cuando esté reducido y hecho le incorporaremos las coquinas y el caldo dejando que se hagan 20-25 minutos.

[1] Puede ser de cubitos.

222. Coquinas con tomate

Ingredientes para 4 personas:
1 kilo de coquinas
1 kilo de tomates del tiempo
1 /2 cebolla picada
Sal
Un poco de azúcar
Agua
4 cucharadas soperas de aceite.

Lavaremos perfectamente las coquinas para que suelten el arena y las coceremos en agua con sal. Escurridas las reservaremos.

En una cazuela, al fuego, con el aceite, freiremos la cebolla y los tomates (pelados y triturados) hasta formar una salsa, a la cual añadiremos un poco de sal y otro poco de azúcar (para matar el ácido del tomate). En esta salsa echaremos las coquinas que sólo hervirán 5 minutos, sirviéndolas a continuación.

223. Gambas fritas

Ingredientes para 4 personas:
400 gramos de gambas
100 gramos de mantequilla
Sal fina.

Una vez las gambas bien lavadas y escurridas las echaremos sal y pondremos en una sartén, al fuego, con la mantequilla, así que esté muy caliente la grasa, friéndolas perfectamente por ambos lados. Retiradas y escurridas, y sin quitarles el caparazón, las colocaremos en una fuente. Calentaremos la grasa que se quedó en la sartén y con ella escaldaremos las gambas, sirviéndolas a continuación.

Degustarlas así tal cual estén y sin salsa alguna.

224. Ensaladilla de gusanos [1]

Ingredientes para 4 personas:

2 kilos de gusanos
Agua
Sal
1 cebolla picada
3 pimientos rojos de lata picados
3 dientes de ajo picados
Perejil fresco picado
50 gramos de alcaparras
6 cucharadas de aceite de oliva
4 cucharadas de vinagre.

Lavados los mariscos los coceremos, en un puchero al fuego, con agua y sal. Escurridos y antes de que se enfríen del todo les retiraremos, con una aguja, el «bicho» de dentro, dejándolos todos en una fuente.

Prepararemos en frío (a modo de una vinagreta) la cebolla, pimientos, ajo, perejil y alcaparras a lo que uniremos el aceite y el vinagre.

Serviremos los gusanos en esta salsa en salsera aparte.

---

[1] Especie de caracol muy pequeño de mar.

225. Cangrejos al jerez

Ingredientes para 4 personas:

1 kilo de cangrejos de mar
1 vaso de vino de jerez seco
150 gramos de mantequilla
3 hojas de laurel
Perejil fresco
Pimienta blanca en polvo
Sal.

En una cazuela plana al fuego pondremos la mantequilla a fundir, añadiéndole perejil picado (una cucharada aproximadamente) y las hojas de laurel; rehogaremos un poco, agregando entonces los cangrejos bien lavados, y dejándolos cocer, a fuego vivo, unos 10-12 minutos, sacudiendo la cazuela para que no se peguen; seguidamente les añadiremos el jerez, sazonando con sal y pimienta. Removeremos de vez en cuando y seguiremos su cocción hasta que casi se consuma el jerez. Los serviremos calientes, en una fuente, sin el laurel.

Esta receta también es factible emplearla para cangrejos de río; se puede cambiar el jerez, si no se tiene a mano, por vino blanco en doble cantidad, es decir, dos vasitos en vez de uno.

226. Langosta gratinada con salsa de chanquetes

Ingredientes para 4 personas:

1 langosta viva de 1.200 gramos de peso

Partiremos la langosta por la mitad, y la limpiaremos bien, echándole sal y pimienta; la pasaremos por harina friéndola en una sartén al fuego que ya tendremos preparada con un

ORILES
ERA FINA
(FINO)

1 kilo de chanquetes de Málaga
200 gramos de nueces peladas
4 cucharadas soperas de aceite
80 gramos de pasas de Málaga
150 gramos de mantequilla
3 yemas de huevo crudas
100 gramos de pan rallado
3 copas de licor de coñac
Sal
Pimienta blanca en polvo.

poco de mantequilla y aceite. La freiremos hasta que tenga un ligero color dorado, la daremos la vuelta y la meteremos al horno durante 15-20 minutos; una vez pasado este tiempo la retiraremos, flambeándola con el coñac, retirándola, y tapándola con un paño húmedo.

En un mortero grande pondremos los chanquetes bien limpios y secos, las nueces, las pasas y majaremos hasta conseguir una pasta bien ligada, que pasaremos por un tamiz muy fino; una vez hecha esta operación agregaremos el pan rallado y las yemas de huevo batidas y el resto del jugo de la langosta, moveremos bien hasta conseguir una pasta fina, a la cual echaremos sal. Retiraremos la langosta de su cáscara fileteando en escalopes no muy finos su carne y poniendo parte de la pasta dentro del caparazón y cubriéndola con los escalopes de langosta, que terminaremos cubriendo con el resto de la pasta; una vez hecha esta operación, la pondremos en una fuente de horno, gratinándola lentamente unos 10-15 minutos y sirviéndola a la mesa.

227. Bacalao en salsa de patatas

Ingredientes para 4 personas:

1 kilo de bacalao seco cortado trozos
Agua
500 gramos de tomates frescos
4 pimientos frescos rojos o verdes
400 gramos de patatas
8 cucharadas soperas de aceite
4 cominos
1 hoja de laurel
1 clavo
2 dientes de ajo.

El bacalao lo habremos tenido a remojo de 12 a 24 horas, al cabo de las cuales lo escurriremos, quitaremos las escamas y las espinas sin romperlo.

Lo colocaremos en una cazuela, al fuego, con agua que lo cubra y una cucharada de aceite, a que espume; así que lo haya hecho lo escurriremos y reservaremos en un plato guardando también el agua.

En el resto del aceite, puesto en una sartén al fuego, freiremos los tomates y pimientos, ambos picados, y en ellos rehogaremos también las patatas, peladas y cortadas a cuadros. Agregaremos el clavo, los cominos, el laurel, los ajos picados, un poco de sal y como una taza del agua del espumado del bacalao.

Esta salsa la pasaremos por un tamiz y cubriremos con ella el bacalao, preparado ya en una fuente o cazuela de barro. Dar un ligero hervor de 3-5 minutos y servir.

228. Bacalao en ajada

Ingredientes para 4 personas:

800 gramos de bacalao seco cortado a trozos
Agua
Sal
400 gramos de patatas
3 dientes de ajo
1 cucharada sopera de pimentón rojo en polvo dulce
4 cucharadas soperas de aceite
3 cucharadas soperas de vinagre.

Remojaremos bien el bacalao 12-24 horas antes de ser utilizado. Pelaremos las patatas y coceremos el bacalao (escurrido del remojo) con las patatas y agua, en un puchero al fuego, echando más sal si conviene.

Machacaremos los ajos, les uniremos el pimentón, el aceite, el vinagre y un poco de agua.

Escurriremos el bacalao y las patatas echándole por encima el conjunto ajos-pimentón-aceite y vinagre, todo muy unido. Esto lo haremos al momento de presentar el pescado a la mesa.

229. Bacalao en revuelto

Ingredientes para 4 personas:

1 kilo de bacalao seco
6 huevos
1/2 diente de ajo picado
Sal si se precisa
4 cucharadas soperas de aceite.

Desmigaremos con los dedos el bacalao de forma que no tenga ni piel ni espinas y lo remojaremos, cambiándole el agua continuamente hasta que, al probarlo, nos resulte bien de sal.

Pondremos al fuego, en una sartén honda, el aceite y en ella freiremos el ajo, añadiéndole el bacalao, que rehogaremos unos minutos. Batiremos los huevos y los echaremos sobre el bacalao, dando vueltas con cuchara o tenedor de madera, hasta que quede hecho, pero jugoso, nunca seco. Probar por si precisa sal. Podemos servirlo con panes fritos.

230. Bacalao en salsa de tomate

Ingredientes para 4 personas:

800 gramos de bacalao seco cortado a trozos
1/4 de kilo de harina
1/2 litro o menos de aceite
Salsa de tomate ya preparada
1 cebolla
1 diente de ajo
Perejil fresco.

El mejor bacalao es el de Langa escogido.

Puesto a remojo de víspera con abundante agua lo colocaremos en un puchero con poca agua al fuego y, en el momento que echa la espuma se retira (sin que llegue a hervir). Envolveremos los pedazos de bacalao en la harina y los freiremos en el aceite.

En la grasa sobrante freiremos la cebolla, el diente de ajo entero y perejil picado agregando los pedazos de bacalao (y retirando primero el ajo del aceite) le añadiremos la salsa de tomate preparada, y le daremos hervores en ella, sirviéndolo caliente a la mesa.

231. Pimentón de papa con bacalao

Ingredientes para 4 personas:
600 gramos de bacalao desalado
500 gramos de patatas
6 pimientos choriceros
6 tomates
Agua
Sal
6 cucharadas soperas de aceite.

Pondremos en un cazo al fuego agua, sal, los pimientos choriceros, los tomates y que cuezan. Retirado todo, lo machacaremos y volveremos a echar en la misma agua en que cocieron, agregándoles el aceite crudo, después el bacalao desmigado y las patatas peladas y cortadas a trozos, que cueza todo unos 10-15 minutos. (Con el caldo si es abundante podemos preparar una sopa de pan.)

232. Remojón de bacalao

(Plato típico de Granada.)

Ingredientes para 4 personas:
500 gramos de bacalao seco
3 huevos duros
6 naranjas
6 cebolletas
100 gramos de aceitunas aliñadas partidas
1 cucharilla de café de pimentón rojo en polvo dulce
1 diente de ajo
Sal
2 cucharadas soperas de vinagre
7 cucharadas soperas de aceite
1 vaso de agua.

Empezaremos por asar el bacalao sobre una placa o parrilla hasta que lo veamos tostadito; entonces lo pondremos en un cazo, con agua que lo cubra, y haremos tiras con los dedos de los trozos de bacalao.

Pelaremos y picaremos las naranjas disponiéndolas en una fuente, agregando el bacalao, las aceitunas deshuesadas y las cebolletas picadas. Aliñaremos el conjunto con un poco de sal (poca), el pimentón, el ajo picado, el aceite y el vinagre, revolviéndolo y añadiendo el vaso de agua y los huevos duros pelados y muy picados. Mover la fuente un poco con energía y servirlo a la mesa fresco y recién hecho.

233. Andrajos de Jaén

Ingredientes para 4 personas:
1/4 de kilo de bacalao ya desalado
400 gramos de harina
3 dientes de ajo
1 cucharada sopera de pimentón rojo en polvo dulce
3 tomates
1 pimiento seco
1 cebolla
1/2 kilo de almejas
7 cucharadas soperas de aceite

Echaremos la harina en un recipiente hondo añadiéndole el agua y un poco de sal, uniéndolo bien y preparando una masa fina.

Pondremos el aceite en una sartén grande al fuego y en ella prepararemos un sofrito con la cebolla, tomates, pimientos, todo muy picado, así como uno de los dientes de ajo trinchadito. Al pimiento seco (puesto en remojo en agua caliente) le quitaremos la parte carnosa y se la echaremos a los tomates, así como el pimentón. Pasados unos minutos incorporaremos las almejas, bien lavadas, y el bacalao desmigado

Pimienta blanca en polvo
2 cominos
Sal
Unas hebras de azafrán
Unas ramas de hierbabuena
1 taza de desayuno llena de agua
Sal
Más agua.

en crudo con las manos, uniremos todo bien y lo verteremos a una cazuela de barro.

Majaremos al mortero el resto de los ajos, con el azafrán, los cominos, añadiendo sal y pimienta y disolviendo la pasta con un poco de agua fría, lo añadiremos al bacalao, más dos tazones de agua y un poco de sal, colocando la cazuela, sobre el fuego.

Estiraremos la masa que tenemos preparada desde un principio y la trabajaremos con el rodillo, hasta dejarla fina. Cortaremos cuadrados de esta masa y, cuando rompa a hervir el contenido de la cazuela le iréis echando estos cuadrados de masa, dejándolos hervir hasta que se cuezan.

En la época de alcachofas frescas también se echan, algunas de éstas, a esta receta tan típica y tradicional.

234. Ajo sopeado

Ingredientes para 4 personas:

350 gramos de bacalao desalado
1/4 de kilo de hígado de cerdo
1/4 de kilo de patatas
200 gramos de miga de pan fresco (reservando la corteza)
1 kilo de tomate maduro
1/2 kilo de pimientos frescos rojos o verdes
1/4 de litro o más de aceite
Sal
Un poco de azúcar
2 dientes de ajo
Agua.

Elegiremos una sartén honda y la pondremos al fuego, con el aceite. Así que esté caliente le añadiremos los dientes de ajo enteros que retiraremos una vez dorados, friendo entonces las patatas peladas y cortadas a trocitos, las retiraremos a un plato cuando estén hechas. Echaremos entonces el tomate y los pimientos, ambos picados, y el bacalao remojado y desmigado con los dedos, rehogando todo perfectamente.

Adicionaremos el hígado cortado en trocitos y proseguiremos su rehogo (probar de sal y echar un poco de azúcar). Pondremos ahora las patatas que habíamos frito y el agua suficiente para que quede cubierto. Cocerá 10-15 minutos, incorporando entonces la miga de pan para que se esponje bien. Este será el momento de servirlo a la mesa, en la misma sartén, y es típico comerlo valiéndose de trozos de corteza del pan en lugar de utilizar la cuchara.

235. Timbal de bacalao y repollo

Ingredientes para 4 personas:

800 gramos de bacalao seco
800 gramos de repollo

Desalado y cocido el bacalao y cocido también el repollo aparte, reduciremos ambas cosas a picadillo.

En el aceite puesto en una sartén al fuego freiremos la

1 cebolla
3 pimientos rojos de lata
150 gramos de aceitunas sin hueso
400 gramos de masa [1]
Agua
1/4 de litro de aceite.

cebolla muy finamente picada y cuando empiece a dorarse le añadiremos los dos picadillos, dándole a todo unas vueltas en la grasa, adicionándole después las aceitunas y pimientos, todo finamente picado.

Con la masa forraremos un molde, y verteremos en él toda la mezcla antes preparada, cubriendo el molde con un poco de masa haciendo un enrejado y lo meteremos al horno hasta que se dore.

---

[1] Esta masa puede adquirirse en panaderías o bien preparada en casa; para ello consultar Capítulo V VARIOS, receta: «Empanadillas de aceitunas» y en ella se especifica la forma de hacer este tipo de masa.

236. Papanduas

(Plato típico de la Semana Santa en Villanueva del Trabuco.)

Ingredientes para 4 personas:

1/2 kilo de bacalao seco
1/2 kilo de harina
1 cucharada sopera escasa de levadura en polvo
Perejil fresco
1 diente de ajo
1/2 litro de agua
Unas hebras de azafrán
1/2 litro o más de aceite.

El bacalao estará a remojo desde la víspera. Lo desmigaremos con los dedos y lo pondremos en una cazuela, con el ajo y perejil ambos picados y el agua fría, colocando la cazuela al fuego a que rompa a hervir; cociéndolo unos 5 minutos. Escurriremos el agua (guardando ésta).

Aún templado el bacalao le añadiremos la levadura y un pocillo del caldo de su cocción, el azafrán y, poco a poco, la harina dando vueltas con una cuchara hasta formar una gachuela espesa. La dejaremos reposar, tapada con una servilleta.

Pondremos una sartén al fuego, con abundante aceite y así que esté caliente tomaremos porciones de la masa con una cuchara grande y las iremos friendo en el aceite. Deben quedarnos muy doraditas por ambos lados. Servir recién hechas.

Capítulo IX

CARNES

237. Ternera rellena de aceitunas
238. Ternera mechada a la andaluza
239. Ternera en fiambre
240. Solomillo a la andaluza
241. Solomillo de ternera a la granadina
242. Silla de ternera a la andaluza
243. Filete mechado con jamón
244. Bistec a la andaluza
245. Pudin'de ternera al jerez
246. Niños envueltos
247. Albóndigas al estilo andaluz
248. Carne a la picada
249. Granadinas de ternera a la jardinera
250. Carne de vaca al estilo de Sevilla
251. Vaca guisada a la flamenca
252. Rollo de Bañuelo
253. Picadillos
254. Solomillo de cerdo al jerez
255. Solomillo de cerdo con aceitunas
256. Solomillo de cerdo en adobo
257. Solomillo de cerdo a la malagueña
258. Lomo de cerdo a la andaluza
259. Látigo de cerdo relleno
260. Pierna de cerdo estofada
261. Encebollado de pierna de cerdo
262. Pinchitos morunos de carne de cerdo adobada
263. Sevillanos
264. Pierna de cordero mechada al jugo
265. Corderito a la campesina
266. Paletilla de cordero rellena a la andaluza
267. Caldereta de cordero a la andaluza
268. Pierna de carnero a la cordobesa
269. Cabritos al horno.
270. Cabrito en ajo caballín.

237. Ternera rellena de aceitunas

Ingredientes para 4 personas:

4 escalopes finos y largos de ternera
300 gramos de salchichas
1 trozo grande de intestino de cerdo
1 huevo
50 gramos de mantequilla
3 escalonías
1 cebolla grande
3 cebollitas pequeñas
3 cebollas medianas
3 cucharadas soperas de perejil fresco picado
1 diente de ajo picado
200 gramos de aceitunas verdes sevillanas sin hueso
6 tomates maduros
Un poco de tomillo
1 hoja de laurel
Una piel de naranja seca
1 vaso de vino blanco lleno
Un poco de azúcar
Sal
Pimienta blanca en polvo.

Empezaremos por aplastar bien los escalopes de carne y haremos el relleno, pelando y trinchando las escalonías y la cebolla, uniéndolas a la carne de las salchichas, previamente deshechas, junto con el perejil, el ajo, un poco de sal y un poco de pimienta; mezclaremos todo muy bien.

Picaremos las aceitunas y dividiremos el intestino en seis trozos.

Colocaremos los escalopes bien planos, repartiendo el relleno sobre cada uno de ellos, añadiendo 3 ó 4 trozos de aceitunas por escalope; envolveremos el relleno con la carne, introduciendo cada pieza en un trozo de intestino.

Derretiremos la mantequilla en una cazuela al fuego; cuando esté bien caliente, doraremos en ella uniformemente los trozos de carne rellena sin dejar que se queme la mantequilla.

Mientras tanto, pelaremos los tomates, quitándoles las semillas y cortándolos en trozos pequeños; lavaremos las cebollitas, después de quitada su primera piel.

Cuando se haya dorado la carne, añadiremos las cebollitas para que se doren a su vez; luego los tomates, el tomillo, el laurel, la piel de naranja, el pellizco de azúcar, sal y pimienta. Lo dejaremos hacer a fuego lento durante 10 minutos, añadiendo el vino blanco, y tapando la cazuela la dejaremos que siga cociendo otros 10 minutos más.

Durante la cocción, echaremos el resto de las aceitunas en agua hirviendo sin salar durante 3 minutos; escurridas las pasaremos por agua fría.

10 minutos antes de que termine la cocción, retiraremos el tomillo, el laurel y la piel de naranja y añadiremos las aceitunas.

En el momento de servir espolvorearemos la carne con un poco de perejil picado.

238. Ternera mechada a la andaluza

Ingredientes para 4 personas:

1 1/4 kilo de redondo o solomillo falso

Limpiaremos la carne de pieles duras y nervios, y la mecharemos, con la ayuda de una aguja gruesa de mechar, con las almendras y aceitunas partidas y sin hueso y unos trocitos

50 gramos de almendras
4 cucharadas soperas de salsa de tomate
1 vaso de agua de jerez seco
75 gramos de manteca de cerdo
1 cebolla grande
2 dientes de ajo
50 gramos de aceitunas
1 tazón de desayuno de caldo [1]
Canela en rama
Pimienta blanca en polvo
Sal.

de canela en rama; la sazonaremos con sal y pimienta, atándola con unas vueltas de bramante antes de sazonarla. Fundiremos la manteca en una cazuela al fuego y doraremos en ella la carne, por todos los lados; en ese momento le echaremos la cebolla y los ajos picados, siguiendo el rehogo y dejándola dorar, añadiendo entonces el tomate, el vino y el tazón de caldo. Que se haga a fuego lento hasta que la veamos tierna.

Ya fría y sin la cuerda la cortaremos en rodajas colocándolas en una fuente, y la echaremos toda la salsa por encima, pasada previamente por un pasador, y sirviéndola muy caliente.

[1] Puede ser de cubitos.

239. Ternera en fiambre

Ingredientes para 4 personas:

800 gramos de tapa de ternera en un solo trozo
100 gramos de tocino
Sal
100 gramos de manteca de cerdo
3 zanahorias
2 cebollas
1 vaso de agua lleno de vino blanco.

Mecharemos la carne con tiras de tocino, le daremos sal y la ataremos con una cuerda fina.

Prepararemos una fuente de horno y en ella pondremos la manteca y cubriremos su fondo con un lecho de zanahorias y cebollas peladas y cortadas a trozos. La carne irá sobre este lecho. Meteremos al horno la fuente y la vigilaremos, dándole la vuelta de vez en cuando y añadiéndole, en una de esas vueltas, el vino blanco.

Una vez hecha le quitaremos el cordel (ya fría) y la cortaremos a rodajas. Normalmente se hace de un día para otro sirviéndose como fiambre, la salsa puede aprovecharse para otro plato o para una sopa.

240. Solomillo a la andaluza

Ingredientes para 4 personas:

1 redondo de ternera de 800 a 1.000 gramos de peso
Sal
100 gramos de manteca de cerdo
400 gramos de setas frescas
4 cucharadas soperas de aceite
Perejil fresco

Mecharemos el solomillo con el tocino, lo sazonaremos y untaremos con manteca recién derretida, asándolo al horno. Prepararemos aparte un guiso con las setas lavadas, escurridas, peladas y rehogadas en el aceite con una porción de perejil y las cebolletas picadas; mojaremos con el caldo y las dejaremos reducir hasta que se vean espesas.

Colocaremos este picadillo en un plato que resista el calor,

6 cebolletas tiernas
Caldo de carne [1]
100 gramos de tocino cortado a tiras largas.

con manteca y un poco de pan rallado, y lo coceremos 15 minutos al horno.

Rodearemos con ello el solomillo ya cortado a lonchas al servirlo a la mesa. Acompañar el jugo del asado en salsera aparte.

[1] Puede ser de cubitos.

241. Solomillo de ternera a la granadina

Ingredientes para 4 personas:
1 solomillo que pese de 800 a 1.000 gramos entero
1 nabo
1 zanahoria
1 cebolla
2 tomates
100 gramos de manteca de cerdo
1 vaso de agua de vino blanco
1 kilo de habas ya desgranadas
Agua
Sal
200 gramos de guisantes ya cocidos o de lata
4 patatas
2 cucharadas soperas de mantequilla
Nuez moscada
1/4 de litro de leche.

Limpiaremos el solomillo de telillas, le daremos sal y pondremos en una fuente de horno añadiéndole el nabo, zanahoria, cebolla y tomates, todo pelado y picado, así como la manteca de cerdo, metiéndolo al horno a que se haga. Vigilar su asado y ponerle el vino blanco.

En dos pucheros, separados, herviremos por un lado las habas en agua y sal y por otro lado las patatas peladas (mejor al vapor). Una vez todo hecho prepararemos un puré con las patatas, la leche, un poco de nuez moscada y la mantequilla (dejando un poco de ésta). Rehogaremos en una sartén al fuego las habas, escurridas, con los guisantes y el resto de la mantequilla.

Ya hecha la carne la cortaremos en trozos o rodajas y la adornaremos con el puré de patatas y las habas con guisantes, colando sobre ella su salsa.

242. Silla de ternera a la andaluza

Ingredientes para 4 personas:
1.000 gramos o más de silla de ternera en un solo trozo
Sal
100 gramos de manteca de cerdo
2 zanahorias
1 cebolla
2 tomates
1 vaso de agua lleno de jerez seco
Perejil fresco

Ataremos la carne, para que guarde buena forma y la asaremos al horno, con la manteca, cebolla, zanahoria y con dos tomates, todo pelado y picado. A mitad de su cocción le añadiremos el jerez seco.

Prepararemos los tomates pequeños asándolos al horno después de partidos por la mitad, los vaciaremos en parte colocando en ellos perejil y ajos picados, pan rallado, pimienta blanca y sal; los regaremos con la mantequilla.

Limpiaremos las alcachofas troceándolas y cociéndolas en

2 dientes de ajo
12 tomatitos todos iguales
1 cucharada sopera de jugo de carne
3 cucharadas soperas de aceite
4 alcachofas
Agua
1 cucharada sopera de pan rallado
3 cucharadas soperas de mantequilla
Pimienta blanca en polvo.

agua con sal. Hechas y escurridas las rehogaremos en el aceite, puesto al fuego en una sartén y agregándolas el jugo de carne.

Serviremos la carne trinchada, sin la cuerda, y acompañada de los tomates y las alcachofas puestas con gusto a su lado. La salsa, colada y caliente, se presentará en salsera aparte.

243. Filete mechado con jamón

Ingredientes para 2 personas:

1 filete grueso y grande de ternera de 400 gramos de peso
4 tiras de jamón magro (80 gramos)
Un poco de apio
1 zanahoria
1 cebolla
1 tomate
Sal
50 gramos de manteca de cerdo
1 vaso de agua de vino blanco
4 remolachas
1 vasito de vino de vinagre
1 vasito de vino de aceite.

Limpiaremos el filete o trozo de carne y lo mecharemos con las tiras de jamón, asándolo al horno con la manteca, apio, zanahoria, cebolla y tomate (pelado y picado) y un poco de sal.

Durante su cocción le iremos incorporando el vino blanco.

Una vez hecho y frío lo trincharemos y presentaremos con las remolachas, cocidas en agua y sal, peladas y aliñadas con aceite y vinagre, todo en frío.

244. Bistec a la andaluza

Ingredientes para 4 personas:

3 /4 de kilo de carne picada
3 tomates grandes
3 cucharadas de cebolla picada
4 cucharadas soperas de harina
Pimienta blanca en polvo
Aceite
Sal.

Sazonaremos la carne con sal y pimienta, mezclándola con la cebolla iremos formando cuatro bistecs, ayudándonos de un poco de harina. Echaremos el aceite en una sartén al fuego, así que esté muy caliente freiremos la carne colocándola sobre los tomates, partidos por el medio, y fritos a su vez. Se sirven calientes.

245. Pudin de ternera al jerez

Ingredientes para 4 personas:

650 gramos de ternera picada
100 gramos de sebo de riñonada
200 gramos de miga de pan

Desmigaremos el pan y le añadiremos la leche hirviendo, tapándolo y dejándolo que se empape bien y se enfríe.

Picaremos la ternera (que será magra) en la máquina, pasándola tres veces para que salga fina. Quitaremos la piel que

1 /4 de litro de leche
2 huevos
Sal
1 cucharada sopera de aceite.

Ingredientes para la salsa al jerez:

20 gramos de mantequilla
20 gramos de harina
1 cucharada sopera de cebolla picada
1 decilitro de jerez
Sal
Pimienta blanca en polvo
Nuez moscada
Agua
100 gramos de aceitunas sin hueso
50 gramos de jamón.

envuelve el sebo de riñonada, cortándola en pedacitos y pasándola también por la máquina, con la ternera.

Todo picado lo pondremos en un recipiente hondo, añadiéndole la miga de pan escurrida, las yemas de los huevos, sal, un poco de pimienta y un poco de nuez moscada, y lo batiremos con una cuchara de madera para dejarlo como una papilla fina. Batiremos las claras a punto de nieve y las mezclaremos con el picadillo, echando todo en un molde de pudin preparado de antemano, con un poco de aceite, haciéndolo cocer al baño maría 1 hora, más o menos, y vigilando que no salpique el agua.

En un pote al fuego echaremos la mantequilla, y le añadiremos la cebolla muy picada dejándolo rehogar lentamente; pondremos la harina y lo desleiremos con un decilitro de agua, dejándolo hervir un poco y echando el jerez, sazonaremos con sal, pimienta blanca y un poco de nuez moscada.

Una vez hecha la salsa le añadiremos las aceitunas picadas y los cincuenta gramos de jamón cortado en cuadritos.

Ya hecho y reposado el pudin, lo desmoldaremos, tapándole antes con un plato y escurriéndole la grasa que haya en la superficie, lo volcaremos en una fuente vertiéndole la salsa muy caliente por encima.

246. Niños envueltos

Ingredientes para 4 personas:

8 filetes de ternera
4 huevos
1 decilitro de aceite
1 cebolla
3 cucharadas soperas de vino blanco
75 gramos de jamón
Guarnición de puré de patatas espeso.

Batiremos los huevos y les agregaremos el jamón picado muy menudo, haciendo con ello ocho tortillas finas y redondas, del mismo tamaño que los filetes. Cada una de estas tortillas las colocaremos sobre un filete, enrollando ambas cosas, y atando bien el rollito para que al asarlo no se salga la tortilla. Así preparados los ocho rollos los doraremos en el aceite puesto en una cazuela al fuego y muy caliente, agregándoles la cebolla cortada en rodajas y el vino blanco, y dejándolos asar al fuego lento hasta que la carne esté tierna y la cebolla dorada.

Serviremos la carne con una guarnición de puré de patata a modo de pastel.

247. Albóndigas al estilo andaluz

(Receta de Montefrío)

Ingredientes para 4 personas:

150 gramos de carne de ternera picada
150 gramos de pechuga de ave
4 huevos
Perejil fresco
El zumo de medio limón
250 gramos de jamón con grasa
200 gramos de pan rallado
1 diente de ajo
6 granitos de pimienta negra
Una pizca de azafrán
La yema de 1 huevo
Sal
1/4 litro o más de aceite
Agua.

Picaremos en la máquina la carne de la pechuga de ave y la mitad del jamón uniéndoles la de ternera. En la fuente las mezclaremos con parte del pan rallado, perejil y ajos picados, la pimienta machacada con el azafrán y sal suficiente. Todo bien unido, le agregaremos el zumo de medio limón y los cuatro huevos, un poco batidos. Cuando esté hecho una masa formaremos las albóndigas con las manos, añadiendo, si hace falta, un poco más de pan rallado.

En una sartén al fuego, con el aceite, las freiremos muy doraditas reservándolas en un plato.

En una cazuela pondremos litro y medio de agua con los huesos de la pechuga del ave, y el resto del jamón que tenga algo de tocino (unos 100 gramos de peso) y tres cucharadas de aceite sobrante de freír las albóndigas; lo dejaremos hervir despacio media hora incorporándole las albóndigas y dejándolas cocer a fuego bajo muy lentamente durante 50-60 minutos.

Batiremos la yema y le añadiremos poco a poco al caldo de cocer las albóndigas; retiraremos los huesos y picaremos el jamón a trocitos, echándolo todo en una fuente honda y sirviéndolo caliente.

248. Carne a la picada

Ingredientes para 4 personas:

8 filetes de ternera
1 cucharada sopera de pimienta negra en polvo
3 cucharadas soperas de perejil fresco picado
50 gramos de manteca para freír
2 dientes de ajo.

Adobaremos los filetes con sal y ajos picados y con un cuchillo le daremos, a cada filete, unos cortes por la parte superior formando unos cuadritos. Seguidamente los espolvorearemos con la pimienta y el perejil, dejándolos así durante 15 minutos. Transcurrido este tiempo los freiremos en la manteca puesta en una sartén al fuego muy caliente, sin darles vuelta a los filetes y echándolos en la sartén con la parte cubierta por el perejil y la pimienta hacia arriba. Los serviremos muy calientes.

249. Granadinas de ternera a la jardinera

Ingredientes para 4 personas:

500 gramos de ternera en un solo trozo
200 gramos de tocino
50 gramos de jamón
50 gramos de harina
1 vaso de vino lleno de vino blanco
1 cebolla
2 dientes de ajo
250 gramos de salsa de tomate
6 zanahorias
200 gramos de guisantes frescos
200 gramos de patatas
Perejil fresco
1 hoja de laurel
Pimienta blanca en polvo
Sal
1/4 de litro o menos de aceite
Agua.

Una vez cortada en bistecs la ternera, la sazonaremos con sal y mecharemos cada bistec con dos tiras delgadas de tocino. Luego los freiremos en parte del aceite dejándolos en una tartera.

Picaremos la cebolla finamente, el jamón en cuadros pequeños y los freiremos, añadiéndole la harina; cuando ésta esté dorada, le incorporaremos el vino blanco y el tomate, agregando agua hasta hacer una salsa algo clara. Con esta salsa, cubriremos los bistecs, añadiéndoles perejil picado, el laurel y un poco de pimienta y dejándolos cocer durante 15 minutos.

Coceremos los guisantes, las zanahorias y las patatas, en agua y sal. Una vez todo cocido, lo cortaremos en cuadritos y lo saltearemos con un poco de aceite.

Serviremos las granadinas con esta guarnición aparte de la salsa que las cubre.

250. Carne de vaca al estilo de Sevilla

Ingredientes para 4 personas:

750 gramos de carne cocida
6 tomates medianos y duros
50 gramos de aceitunas
1 diente de ajo
1 kilo de patatas
1 cebolla
1/2 vasito de vino, de vino blanco
Perejil fresco
Pimienta blanca en polvo
1/2 vaso de vino de vinagre
1 vaso de vino de aceite
Sal
Agua.

Para este plato podemos emplear cualquier clase de carne sobrante de un cocido.

Coceremos las patatas con piel, en agua y sal, las dejaremos enfriar un poco y les quitaremos la piel, partiéndolas en rodajas finas, las sazonaremos con sal, ajo muy picado, el vino, un poco de pimienta, y una cucharada de aceite, dejándolo reposar durante media hora, removiéndolas de vez en cuando para que tomen bien el adobo; pasado ese tiempo colocaremos las patatas en forma de pirámide en una ensaladera o fuente redonda; alrededor, y formando una corona, pondremos la carne cortada en filetes muy finos, completando la fuente con rodajas de tomate y, sobre cada rodaja de tomate, un casco fino de cebolla; sobre todo el conjunto salpicaremos perejil picado y las aceitunas picadas finas (el perejil también se puede poner al principio en el adobo de las patatas). Aliñaremos todo con aceite y vinagre y lo serviremos.

251. Vaca guisada a la flamenca

Ingredientes para 4 personas:

1 kilo de carne de vaca, propia para guisar
400 gramos de tocino
3 cucharadas de manteca de cerdo
4 cebollas
1 ramillete compuesto por laurel, tomillo y perejil, atadito
2 dientes de ajo
Sal
Pimienta negra en polvo
2 cucharadas soperas de harina
2 vasos de agua no llenos del todo de cerveza negra.

Cortaremos en trocitos de cinco centímetros la carne de vaca magra. Cortaremos igualmente el tocino previamente blanqueado en agua caliente [1]. Rehogaremos ambas cosas en una sartén al fuego con la manteca. Añadiremos al guiso las cebollas peladas y cortadas en trocitos, el ramillete compuesto, los dientes de ajo machacados y sazonaremos con sal y pimienta, espolvorearemos con la harina y echaremos la cerveza negra. Que cueza, a fuego lento, durante 4 horas.

Podemos servir este guiso con patatas cocidas al vapor.

Esta misma receta se la conoce también con el nombre de: «carbonada flamenca».

[1] Poner agua y cuando rompa a hervir añadir el tocino dejándolo 1 minuto y sacándolo rápidamente.

252. Rollo de bañuelo

(Plato típico de Baños de la Encina, para la romería de su patrona)

Ingredientes para 4 personas:

1 kilo de carne
120 gramos de tocino
1 hoja de laurel
2 huevos duros
1/4 de litro de vino blanco
2 huevos
125 gramos de jamón
1 taza de desayuno de pan rallado
Pimienta blanca en polvo
Aceite
4 cucharadas soperas de harina.

Picaremos con la máquina la carne limpia de gordos y nervios y la echaremos sal y pimienta, añadiéndole los dos huevos batidos, y amasando con el pan rallado y, bien mezclado todo, lo prepararemos en forma de rollo.

Espolvorearemos la tabla con un poco de harina y extenderemos en ella la mitad de la carne, haciendo como una torta y colocando encima unas tiras de huevo duro, jamón y tocino cortado y dejando aparte una tira de éste.

Cubriremos con el resto de la carne y lo envolveremos en harina dándole la forma de rollo y friéndolo en aceite fuerte procurando que se dore por un igual. Ya hecho lo dejaremos en una cacerola, y le añadiremos el vino blanco, otra cantidad igual de agua, la tira de tocino, un poco de pimienta y lo dejaremos cocer unos 15 minutos. Antes de cortarlo en rodajas debemos dejarlo enfriar convenientemente.

En algunas ocasiones se ponen las rodajas en forma de corona en fuente redonda y, en el centro, un poco de puré de tomate.

253. Picadillos

Ingredientes para 4 personas:

1 kilo de carne de vaca
1/4 de kilo de tocino fresco
6 cucharadas soperas de aceite
1 cebolla
2 tomates frescos
50 gramos de piñones
1 diente de ajo
1 palito de canela
Nuez moscada
6 granos de pimienta negra
Un poco de azafrán
1 vaso de vino de vino blanco
Sal
4 rebanadas de pan frito
2 huevos duros partidos en rodajas para el adorno
Agua.

Cortaremos la carne en cuadritos pequeños, cortaremos de igual forma el tocino y, ambas cosas, las echaremos en el aceite puesto al fuego en una sartén. Le agregaremos la cebolla pelada y picada muy menudita, el tomate, también picado, los piñones y la canela, un poco de nuez moscada rallada, azafrán y los granos de pimienta chafados. Prepararemos todo en una cazuela, agregándole el vaso de vino y otro de agua, y sazonando con sal. Bien tapado cocerá despacio, hasta que todo esté tierno y jugoso.

Al echarlo en la fuente lo adornaremos con las rodajas de huevo duro y el pan frito que teníamos ya preparados.

254. Solomillo de cerdo al jerez

Ingredientes para 4 personas:

1 kilo de solomillo
50 gramos de jamón
3 cucharadas soperas de manteca de cerdo
1 copa de licor de jerez
12 cebollitas
3 cucharadas soperas de caldo (1)
Sal
Pimienta negra en polvo.

Limpiaremos el solomillo, recortando todos los desperdicios, e introduciéndole unas tiritas de jamón, ayudándonos para ello de la aguja de mechar. Lo ataremos con unas vueltas de hilo y lo embadurnaremos con la manteca de cerdo, colocaremos los recortes en una tartera de horno y, sobre ellos, el solomillo con sal y ya preparado, rociándolo con jerez y con el caldo. Lo pondremos a asar, en el horno, durante 1 hora.

Limpiaremos las cebollitas quitándolas la primera capa, y a la mitad del tiempo de cocción del solomillo, las pondremos a los lados de éste en la tartera, rociando todo con grasa de asado y dejándolo hacer hasta el final. Debe calentarse bien el horno para que el asado y las cebollitas salgan dorados y, de vez en cuando, lo rociaremos con su propio jugo.

Cuando esté hecho le quitaremos el hilo, lo cortaremos en rodajas y lo dispondremos en una fuente, adornándolo con las cebollitas.

Aparte podemos presentar unas patatas fritas o una ensalada de lechuga fresca.

---

(1) Puede ser de cubitos.

255. Solomillo de cerdo con aceitunas

Ingredientes para 4 personas:

1 solomillo o 2 de cerdo, 800 a 1.000 gramos de peso
2 cebollas
1 zanahoria
1 tomate
100 gramos de manteca de cerdo
50 gramos de jamón
1 cucharada sopera de pasta de tomate
Sal
1 taza de desayuno de caldo[1]
150 gramos de aceitunas sevillanas
1 vasito de vino, de vino blanco.

Prepararemos el solomillo con sal y lo asaremos en la cazuela, sobre el fuego, con la manteca (de la cual dejaremos reservada 2 cucharadas) una de las cebollas pelada y cortada en dos y la zanahoria y el tomate pelados y cortados a trozos. Mientras se hace, le añadiremos el vino y parte del caldo.

Picaremos las aceitunas a trozos y las rehogaremos en el resto de la manteca, puesta en una sartén al fuego, y con la otra cebolla frita. A este sofrito, o especie de sofrito, le añadiremos el jamón picado, la pasta de tomate y el resto del caldo.

Una vez hecho el solomillo lo cortaremos a trozos y los serviremos regados de la salsa de aceitunas.

[1] Puede ser de cubitos.

256. Solomillo de cerdo en adobo

Ingredientes para 4 personas:

800 gramos de solomillo de cerdo cortado a rodajas o filetes
1/2 cucharilla de café de orégano
2 dientes de ajo
1 hoja de laurel
1 cucharada sopera de pimentón rojo dulce
2 clavos
Sal
1/2 taza de desayuno de vinagre
Agua
100 gramos de manteca (si puede ser de la que se guarda de la matanza, mejor)
Agua.

Prepararemos las rodajas de solomillo en una cazuela de barro con sal, el orégano, los dientes de ajo muy picados, el laurel, el pimentón, los clavos, el vinagre y la misma cantidad de agua. En este adobo mantendremos la carne unas 6 horas, dándole vueltas de vez en cuando.

Derretiremos la manteca en una sartén, al fuego, y en esa grasa freiremos los trozos de solomillo hasta que se doren.

Podemos optar por dos cosas:

1.º Servirlos recién hechos y rápidamente y

2.º Conservarlos en su grasa y dejarlos para comer en frío.

257. Solomillo de cerdo a la malagueña

Ingredientes para 4 personas:

1 solomillo o 2 de cerdo, 800 a 1.000 gramos de peso
1 zanahoria

Prepararemos el solomillo con sal y lo asaremos, en una cazuela al fuego, o al horno, con la manteca, la zanahoria y una de las cebollas.

Aparte haremos una salsa con la mantequilla, puesta al

2 cebollas
2 cucharadas soperas de harina
Sal
2 cucharadas soperas de mantequilla
Nuez moscada
150 gramos de guisantes de lata
100 gramos de jamón
1 limón
3 huevos duros
100 gramos de manteca de cerdo
1 taza de desayuno de caldo[1].

fuego, en una sartén y friendo en ella la otra cebolla pelada y picada; ya dorada le echaremos la harina, el zumo de limón, nuez moscada rallada, sal y el caldo. La pasaremos por el chino y le añadiremos los huevos duros pelados y cortados, los guisantes y el jamón cortado a trocitos.

Trincharemos el solomillo y lo cubriremos con la salsa caliente.

[1] Puede ser de cubitos.

258. Lomo de cerdo a la andaluza

Ingredientes para 4 personas:
El lomo de la parte de las chuletas deshuesado y sin grasa, unos 800 a 1.000 gramos de peso
3 dientes de ajo
12 pimientos pequeños verdes
100 gramos de manteca de cerdo
1 taza de desayuno de aceite
Sal.

Le daremos sal al lomo y lo dejaremos en ella unas 2-3 horas. Pasado dicho tiempo lo ataremos para que conserve buena forma, pero antes le haremos unas incisiones y, en cada una de ellas, pondremos un trozo de ajo.

Lo asaremos con la manteca, en el horno, rociándolo con su propia grasa hasta que lo veamos en su punto.

Serviremos el lomo despojado de su atadura, cortado en rodajas y acompañado de los pimientos verdes fritos en el aceite.

259. Látigo [1] de cerdo relleno

Ingredientes para 4 personas:
1 kilo de látigo de cerdo
100 gramos de jamón
20 almendras crudas
1 vaso de vino blanco
100 gramos de manteca de cerdo
Sal
4 huevos duros
20 nueces
1 cabeza de ajos
2 granos de pimienta negra
Sal.

Abriremos el látigo por la mitad, como un libro, y lo rellenaremos con parte de los huevos duros pelados y cortados a discos, parte de las lonchas finas sacadas del jamón, la mitad de las almendras crudas, quitándoles la piel y machacadas y la mitad de las nueces partidas en trocitos. Le volveremos a poner huevos y jamón, almendras y nueces, cosiéndolo y dándole forma de rollo, lo colocaremos en una cazuela con el vaso de vino, la cabeza de ajo, los granos de pimienta, la manteca de cerdo y sal, añadiendo un par de tazas de desayuno de agua, dejándolo cocer hasta que lo veamos tierno.

[1] Suponemos se trata del «lomo de cerdo», conocido también como «cinta de lomo» en otras provincias.

260. Pierna de cerdo estofada

Ingredientes para 7/8 personas:

1 pierna de cerdo con hueso de 2 1/2 kilos de peso
3 tomates
2 cebollas
3 pimientos frescos verdes
2 clavos
1 grano de pimienta negra
1 cabeza de ajos
1 hoja de laurel
2 cucharadas soperas de vinagre
1 taza de desayuno de caldo de carne [1]
200 gramos de manteca de cerdo.

Untaremos bien la pierna de cerdo con sal por los dos lados, poniéndola en una cazuela grande con la manteca, y agregándole los tomates, cebollas y pimientos verdes, todo pelado y picado muy finamente, así como los clavos, la pimienta, la cabeza de ajos (tostada al horno) y la hoja de laurel.

Pondremos al fuego la cazuela y que se vaya haciendo la carne, dándole vueltas y agregándole, a mitad de su cocción, el vinagre y el caldo de carne.

Serviremos la pierna de cerdo entera y trinchándola en la mesa, delante de los comensales, con su propio jugo o salsa pasado antes por el prensa-purés.

[1] Puede ser de cubitos.

261. Encebollado de pierna de cerdo

Ingredientes para 7-8 personas:

1 pierna de cerdo con hueso cortada a trozos medianos
Sal
2 pimientos verdes
1/2 kilo de cebollas picadas
4 tomates
1 grano de pimienta negra
1 clavo
1 hoja de laurel
8 cucharadas soperas de aceite
1 cucharada sopera de pimentón rojo dulce
2 dientes de ajo
Unas hebras de azafrán
400 gramos de patatas
2 tazones de desayuno de caldo o de agua.

Prepararemos todo en frío y en crudo, poniendo, en una cazuela de barro honda, la carne, echándole sal, las cebollas picadas, los pimientos verdes troceados y sin rabo ni semillas, los tomates cortados a pedazos gordos, la pimienta, el clavo, el laurel, el aceite, el pimentón rojo y los ajos majados con el azafrán. Colocaremos la cazuela sobre el fuego para que se vaya haciendo, poco a poco. A mitad de su cocción le agregaremos las patatas moldeadas con el aparato especial y el caldo o agua, acaso precise un poco más de sal.

Serviremos la carne muy caliente en una fuente y rodeada de su salsa y de las patatas.

262. Pinchitos morunos de carne de cerdo adobada

Ingredientes para 4 personas:

400 gramos de carne de cerdo magra cortada a dados lo más

Dispondremos la carne en un plato o fuente hondo y le echaremos sal, dándole vueltas, después la regaremos con el aceite, por último le adicionaremos el pimentón de forma que

iguales posible
2 cucharadas soperas de pimentón rojo dulce [1]
4 cucharadas soperas de aceite de oliva fino
Sal fina
3 cucharadas soperas más de aceite.

lo tome bien. Habrá que unirlo con los dedos. Los dejaremos en este adobo por lo menos 1 hora. Después la ensartaremos en pinchos, 3 ó 4 trozos en cada pinchito asándolos sobre la parrilla o plancha o «barbacoa» si se tiene, dándole vueltas de manera que se ase por un igual.

Los serviremos rápidamente a la mesa y se comen tomando con los dedos el mango del pincho y sacando directamente con los dientes la carne.

Son muy sabrosos pero fuertes.

[1] A veces se mezcla el pimentón dulce con el picante y los «pinchitos» salen más fuertes, esto dependerá del gusto personal.

263. Sevillanos

Ingredientes para 4 personas:
500 gramos de carne de cerdo picada
10 obleas
1 cebolla
1 tomate
2 claras de huevo
Sal
100 gramos de pan rallado
1/4 de litro o más de aceite.

Como las obleas serán grandes las cortaremos por su mitad. Freiremos en parte del aceite, puesto al fuego en una sartén, la carne junto con un poco de sal y la cebolla y el tomate ambos muy picados, esto nos servirá como relleno.

Batiremos las claras de huevo y tendremos a mano, en un plato, el pan rallado.

Tomaremos la media oblea y la untaremos por un solo lado de clara pasándola, después, por el pan rallado y rellenándolo con un poco de la carne, le daremos la forma de medio pañuelo. Todas preparadas las freiremos en el resto del aceite, puesto al fuego en una sartén.

Las serviremos recién hechas.

264. Pierna de cordero mechada al jugo

Ingredientes para 4 personas:
1 pierna entera de cordero 1.200 a 1.500 gramos de peso
100 gramos de tocino
Sal
Perejil fresco
2 dientes de ajo

Mecharemos la pierna de cordero con el tocino, cortado a tiras y le daremos sal, poniéndola en una fuente de horno con la manteca, perejil y ajos picados y las zanahorias y tomates también pelados y trinchados. La haremos al horno, dándole vueltas, y añadiéndole el vino y el caldo.

La serviremos cortada a trozos y con su jugo o salsa y

2 zanahorias
2 tomates
100 gramos de manteca de cerdo
1 vaso de agua no lleno, de vino blanco seco
1 taza de desayuno de caldo [1]
1 ó 2 lechugas
3 cucharadas soperas de aceite
2 cucharadas soperas de vinagre.

aparte presentaremos una ensalada de lechuga fresca aliñada con sal, aceite y vinagre.

[1] Puede ser de cubitos.

265. Corderito a la campesina

Ingredientes para 4 personas:

1 cuarto de cordero lechal o mamón con un peso de 1.200 a 1.500 gramos
Sal
Un poco de orégano
2 dientes de ajo
2 cucharadas soperas de pimentón rojo dulce
1 cucharada sopera de harina
2 cucharones de puré de tomate
1 clavo
2 cucharadas soperas de vinagre
1 vasito de vino de agua
1/4 de litro o más de aceite
Nuez moscada
1 taza de desayuno de caldo [1].

Cortaremos a trozos el corderito y los pondremos en una cazuela de barro en este adobo: sal, el orégano, los ajos machacados, una de las cucharadas del pimentón, el clavo, el vinagre y el agua, en este adobo permanecerá 3 horas.

Una vez retirado de la cazuela y escurrido pondremos el aceite, en una sartén honda y grande, al fuego, dorando en ella los trozos de cordero y agregándoles, después, el puré de tomate, la harina, sal, el resto del pimentón y un poco de nuez moscada, lo revolveremos bien agregándole el caldo y sirviéndolo, en una fuente, y muy caliente.

[1] Puede ser de cubitos.

266. Paletilla de cordero rellena a la andaluza

Ingredientes para 4 personas:

1 paletilla de cordero de 1.200 gramos de peso
150 gramos de jamón
3 puerros
1/4 de litro de aceite
1 vasito de vino blanco seco
1 vasito de vino, de agua
2 cebollas
2 tomates
4 alcachofas frescas
Sal.

Empezaremos por deshuesar la paletilla abriéndola lo más posible y echándole un poco de sal. Picaremos el jamón y los puerros de forma que quede muy fino y con ello rellenaremos la paletilla la cual ataremos fuertemente. Lo pondremos en una cazuela con parte del aceite, las cebollas y los tomates pelados y picados, y colocaremos la cazuela sobre el fuego para que la carne se haga poco a poco, dándole vueltas.

Pelaremos y cortaremos las puntas de las alcachofas y las freiremos, cortadas a trozos, y con sal, en el resto del aceite.

Separada la cuerda o cordel de la carne la cortaremos en rodajas, pasaremos su salsa por un colador y la presentaremos a la mesa juntamente con las alcachofas.

267. Caldereta de cordero [1] a la andaluza

Ingredientes para 4 personas:

1.200 gramos de carne de cordero
1 cebolla
1 pimiento verde
1 cabeza de ajos
2 tomates frescos
8 cucharadas soperas de aceite
Perejil fresco
Sal
Agua.

Ingredientes para el majado:

5 granos de pimienta
1 miga de pan del tamaño de un huevo
2 clavillos
1 cucharilla de café de pimentón rojo dulce
1/2 taza de desayuno de agua para desleírlo
2 cominos.

Partiremos la carne de cordero a trozos regulares y los dejaremos en una olla, cubriéndolos con agua fría y poniendo la olla al fuego a hervir. Espumaremos bien y agregaremos los tomates, pimientos y cebollas, todo pelado y cortado en trozos grandes, el perejil picado, el laurel y la cabeza de ajos entera, sal y el aceite.

Que cueza despacio y, cuando esté la carne tierna, le añadiremos los ingredientes del majado muy machacaditos y desleídos con un poco de agua.

La dejaremos hervir en la olla un par de minutos, la separaremos del fuego y la serviremos.

[1] También conocida esta receta como «Caldereta del Condado».

268. Pierna de carnero a la cordobesa

Ingredientes para 4 personas:

1 pierna de carnero de 1.200 a 1.500 gramos de peso
3 zanahorias
1/4 de litro de vino blanco seco
1 cucharada sopera de harina
1 litro de caldo [1]
2 cebollas
6 dientes de ajo
4 cucharadas soperas de salsa de tomate
Un poco de tomillo
1 hoja de laurel
Perejil fresco
80 gramos de manteca de cerdo
Pimienta blanca en polvo
2 cucharadas soperas de aceite
Sal.

Limpiaremos la pierna poniéndola en una cazuela con la manteca de cerdo caliente, y las cebollas y zanahorias peladas y cortadas en rodajas, le echaremos sal y pimienta y le agregaremos un ramito compuesto con las hierbas [2]. Rehogaremos bien hasta que esté dorada, y, en ese momento, le quitaremos la grasa añadiéndole el vino blanco y dejándola a fuego vivo. De vez en cuando le daremos vueltas hasta que el vino se consuma y en ese momento le pondremos la salsa de tomate y el caldo, dejándola hervir y adicionándole harina disuelta, en un poco del caldo.

Taparemos la cazuela y la meteremos al horno por espacio de una media hora, dando vueltas a la carne de vez en cuando.

Ya cocida la pierna y retirada de la cazuela, pasaremos la salsa, poniéndola de nuevo en la cazuela, o en una fuente de horno; la añadiremos los ajos fritos en el aceite, y colocaremos sobre ello la pierna, dejándola cocer otros 15 minutos más. La serviremos muy caliente.

[1] Puede ser de cubitos. [2] Tomillo, laurel y perejil atados.

269. Cabritos al horno

Ingredientes para 6-8 personas:

2 cabritos pequeños 3/4 kilos de peso los dos
200 gramos de manteca de cerdo
3 cebollas
3 dientes de ajo
Perejil fresco
1 hoja de laurel
2 granos de pimienta
1 clavo
1 copa de licor de jerez seco
1 vaso de agua
Sal.

En una tartera colocaremos los cabritos cortados en trozos grandes, y untados con manteca de cerdo, les añadiremos las cebollas picadas, los ajos, y perejil picados, el laurel, la pimienta, el clavo, el jerez y el agua. Sazonaremos los cabritos con sal y los meteremos en el horno hasta verlos muy tiernos y dorados.

270. Cabrito en ajo caballín

(Plato típico de la región Alpujarreña.)

Ingredientes para 7 personas:

1 cabrito pequeño y tierno de 3/4 de kilo de peso
3 dientes de ajo
1 /2 cucharilla de café de orégano
100 gramos de miga de pan
1 taza de desayuno de agua
1 /4 de litro o menos de aceite
2 cucharadas soperas de pimentón rojo dulce
2 pimientos frescos rojos o verdes
Sal
Pimienta blanca en polvo
El hígado del cabrito
3 cucharadas soperas llenas de vinagre.

Cortaremos el cabrito en pedazos más bien pequeños, del tamaño de nueces aproximadamente. Echaremos el aceite en una sartén y agregaremos los trozos de cabrito para que se frían despacio, hasta quedar muy dorados.

Entretanto, prepararemos un majado con los pimientos frescos cocidos de antemano y raspada la carne, el orégano, los ajos, el pimentón y la miga de pan empapada en vinagre, le añadiremos el hígado del cabrito muy frito, y lo machacaremos todo hasta hacer una pasta que desleiremos con la taza de agua.

Fritos los trozos de cabrito, les quitaremos un poco de aceite y le echaremos por encima el majado perfectamente desleido, dejando que dé unos hervores antes de servirlo a la mesa muy caliente.

Capítulo X

MENUDOS

271. Callos a la andaluza
272. Callos o mondongo gitano
273. Menudos de ternera
274. Menudos de ave al jerez
275. Guiso de menudos de cerdo
276. Sangre de cerdo guisada
277. Manos de cerdo al horno
278. Manos de cerdo rebozadas y fritas
279. Manos de ternera a la granadina
280. Mollejas de ternera al jerez
281. Riñones al jerez
282. Riñones de ternera a la andaluza
283. Sesos a la flamenca
284. Sesos rebozados y fritos
285. Lengua de ternera con aceitunas
286. Lenguas de cerdo a la casera
287. Criadillas empanadas y fritas

271. Callos a la andaluza

Ingredientes para 4 personas:

1 kilo de callos ya cocidos
3 cebollas
80 gramos de manteca de cerdo
100 gramos de jamón
1 cucharada sopera de harina
4 tomates frescos
1 taza de desayuno llena de caldo [1].

Los callos ya cocidos, los pondremos en una cazuela, al fuego, con la manteca y los rehogaremos en las cebollas picadas, en la manteca de cerdo, añadiremos el jamón cortado a cuadritos (primero la cebolla, y después el jamón, éste unos instantes); después le agregaremos los tomates cortados y, pasados unos momentos, incorporaremos la cucharada de harina bien llena, y desleida antes en el caldo frío. Haremos hervir esta salsa y echaremos en ella los callos cortados en cuadros, pimienta y sal. (Se les puede agregar si se quiere garbanzos cocidos y pasados por el chino.)

[1] Puede ser de cubitos.

272. Callos o mondongo gitano

Ingredientes para 4 personas:

1 kilo de callos
1 morcilla
1 hueso de jamón
1 cabeza de ajos
2 pimientos rojos frescos
100 gramos de manteca de cerdo
1 mano de vaca o ternera
3 chorizos
1 cebolla pequeña
1/4 de kilo de garbanzos
2 tomates frescos
1 hoja de laurel
Un poco de hierbabuena
Perejil fresco
1 cucharilla de café de pimentón rojo dulce
Pimienta blanca en polvo
Sal
Agua
2 granos de pimienta negra.

Ya limpios los callos, los pondremos en una olla grande cubriéndolos de agua fría, y poniendo ésta al fuego les añadiremos también la mano de ternera, o de vaca; limpia y partida en dos o tres pedazos, y el hueso de jamón; cuando esté el agua caliente agregaremos los garbanzos previamente remojados, media cebolla picada, la hoja de laurel, hierbabuena y perejil, todo ello formando un ramito; lo dejaremos cocer despacio; a media cocción (después de unas dos horas), añadiremos los chorizos y la morcilla, siguiendo la cocción.

En una sartén con la manteca de cerdo freiremos el resto de la cebolla, los dientes de la cabeza de ajo picados, los tomates pelados y picados y los pimientos también limpios y partidos en trozos; agregaremos a este sofrito el pimentón, y una vez hecho lo verteremos sobre los callos, rectificando de sal y pimienta, agregando los granos de pimienta negra, y dejándolo en el fuego hasta que estén muy tiernos.

Los serviremos en una fuente muy caliente, con los chorizos y la morcilla partidos en trozos y colocados sobre los callos.

NOTA.—Existen ciertas confusiones entre las dos recetas de: «callos a la andaluza» y «callos o mondongo gitano». Hemos hallado libros y revistas donde aseguran que su preparación es la misma, cuando, en realidad, difieren bastante una de la otra, como puede apreciarse.

273. Menudos de ternera

Ingredientes para 7 personas:

2 1/2 kilos de callos de ternera
2 cucharadas soperas de pimentón rojo dulce
1/4 kilo de jamón crudo
1/2 kilo de morcilla de Ronda
3 limones
2 dientes de ajo
Perejil fresco
Un poco de hierbabuena
2 granos de pimienta negra
1 cebolla
4 chorizos
3 patas de ternera
1/4 de litro de vinagre
Sal
Agua
1 hoja de laurel
1 zanahoria
1 cabeza de ajo.

Ingredientes para el sofrito:

5 cucharadas soperas de aceite
2 granos de pimienta negra
Sal
1/4 kilo de tomate
1 pimiento fresco verde
1 cebolla.

Partiremos los callos a trozos pequeños; cortaremos las patas por la mitad y, todo junto, lo pondremos en un barreño, donde echaremos el vinagre, los limones partidos en trozos y puñados de sal. Restregaremos bien los callos con las manos hasta dejarlos completamente limpios, después los pondremos en una olla cubiertos de agua fría y, a fuego vivo, para que rompan a hervir; entonces les quitaremos el agua poniéndolos de nuevo bien cubiertos de agua fría, agregándoles la cebolla pelada y entera, la hoja de laurel, el pimentón y los chorizos, las morcillas, el jamón y un ramo compuesto por la zanahoria, unas ramas de perejil y otra de hierbabuena, la cabeza de ajos y los granos de pimienta, dejándolo hervir despacio durante una hora. Al cabo de este tiempo echaremos los garbanzos, previamente remojados la víspera, y que cueza ahora despacio, hasta que todo esté bien hecho y en su punto.

En este punto echaremos el aceite en una sartén al fuego, friendo en ella la cebolla picada, el pimiento y el tomate picado, echándole un poco de sal.

Cuando esté hecho el sofrito, retiraremos de la olla la cebolla, el ramo de zanahorias, el perejil y la hierbabuena, echando en ella el sofrito, los chorizos, la morcilla, rectificando de sal y dejándolo cocer despacio, unos 5-10 minutos, pasados los cuales, lo volcaremos muy caliente a una fuente y lo serviremos.

274. Menudos de ave al jerez

Ingredientes para 4 personas:

500 gramos de menudos de pollo hígado, cuellos, mollejas, patas

Rehogaremos (o coceremos) los menudos de pollo, esto dependerá de que sean muy tiernos o no.

En la manteca, puesta en una sartén al fuego, freiremos la

1 cebolla
50 gramos de jamón
80 gramos de manteca de cerdo
Sal
Pimienta blanca en polvo
Nuez moscada
1 copa de licor de jerez seco
200 gramos de arroz cocido en blanco y rehogado en mantequilla
2 cucharadas soperas de hongos (naturales o de lata) picados
100 gramos de aceitunas sin hueso
1 taza de desayuno de caldo [1]

cebolla pelada y picada y le agregaremos el jamón (trinchado) así como los menudos de pollo cortados a trozos. Echaremos sal, pimienta y un poco de nuez moscada rallada, añadiendo el jerez y los hongos, así como la taza de caldo, que todo se haga lentamente y destapado.

Serviremos los menudos con el arroz blanco que podemos moldear en forma de flan.

---

[1] Puede ser de cubitos.

275. Guiso de menudos de cerdo

Ingredientes para 4 personas:

El cuajar, tripas, corazón y patas del cerdo
1/4 de kilo de tomates frescos
200 gramos de jamón
1/4 de kilo de garbanzos secos
Perejil fresco
2 dientes de ajo
Un poco de hierbabuena
1 grano de pimienta
1 cebolla grande
2 pimientos frescos rojos o verdes
100 gramos de chorizo
1 hoja de laurel
1 cucharada sopera de pimentón rojo dulce
Sal
Nuez moscada
1 clavo
Agua.

Empezaremos por limpiar con vinagre y sal y aclarar, en varias aguas, todos los despojos del cerdo, después los picaremos a trozos, poniéndolos en una cazuela de barro; picaremos los tomates, pimientos y cebollas y los echaremos sobre el menudo.

Agregaremos los garbanzos puestos a remojo la víspera, el jamón y el chorizo. Sazonaremos con sal, el grano de pimienta, la cucharada de pimentón rojo, los dientes de ajo, el clavo, el laurel y un poco de ralladura de nuez moscada. Cubriremos con agua muy caliente y lo dejaremos cocer después hasta que todo esté tierno. Tardará bastante, puesto que los garbanzos deben quedar bien cocidos.

276. Sangre de cerdo guisada

Ingredientes para 4 personas:

3/4 de kilo de sangre cocida
1/2 kilo de cebollas
2 tomates frescos
3 dientes de ajo
1 pimiento fresco, rojo o verde
2 cucharadas soperas de vinagre
1 cucharada sopera de pimentón

En una sartén al fuego con el aceite freiremos la cebolla pelada y picada muy fina. Cuando empiece a dorarse le añadiremos el pimiento, previamente asado, para poder pelarlo y partirlo a trocitos, los tomates pelados y limpios; a continuación le agregaremos la sangre partida en pedacitos y le echaremos sal, poniéndole también el pimentón, y rehogándolo bien, lo dejaremos freír unos 15 minutos. Añadiremos, antes

rojo dulce
4 cucharadas soperas de aceite
Sal.

de retirarlo del fuego, los ajos machacados que habremos tenido remojando en el vinagre unos 10 minutos. Rectificaremos de sal y lo serviremos muy caliente a la mesa.

277. Manos de cerdo al horno

Ingredientes para 4 personas:

4 manos de cerdo
1 taza de desayuno de leche
100 gramos de manteca de cerdo
4 huevos
1 cucharada de café de azúcar
Pimienta blanca en polvo
Sal
Agua.

Procederemos a cocer las manos, después de bien limpias y, una vez cocidas, les quitaremos los huesos, sazonándolas con sal y pimienta y colocándolas en una cazuela, en cuyo fondo echaremos un poco de la manteca. Dispuestas ya las manos en la cazuela echaremos los huevos batidos, de modo que las cubran bien, y adicionaremos la leche para que queden cubiertas. Espolvorearemos con el azúcar, y las rociaremos con el resto de la manteca metiéndolas en el horno hasta que estén gratinadas.

278. Manos de cerdo rebozadas y fritas

Ingredientes para 4 personas:

4 manos de cerdo
1 zanahoria
1 hoja de laurel
1 clavo
Sal fina
Agua
2 dientes de ajo
Perejil fresco
2 limones
1 taza de desayuno llena de harina
3 huevos
1/4 de litro de aceite.

Quemaremos los pelos de las manos y después de lavadas las pondremos a cocer, en una olla al fuego, con agua abundante, la zanahoria pelada y cortada a trozos, el laurel, el clavo y sal fina.

Una vez cocidas y bien escurridas, podemos incluso secarlas con una servilleta, las rociaremos con el zumo de uno de los limones, las cubriremos con un picadillo compuesto por los ajos y perejil dejándolas reposar, en un plato, de 10 a 15 minutos, pasados los cuales las rebozaremos en harina y en los huevos batidos y las freiremos en el aceite caliente.

Serviremos las manos con el otro limón cortado a trozos.

279. Manos de ternera a la granadina

Ingredientes para 4 personas:

2 manos de ternera
2 huevos

Quemaremos las manos, las lavaremos y cortaremos por su mitad y después en varios trozos, frotándolas con uno de los limones, el vinagre y sal y volviéndolas a lavar con agua. Las

Agua
Sal
1 ramillete compuesto por laurel, tomillo y perejil fresco
50 gramos de piñones sin cáscara
1 cebolla
1 1/2 litros de caldo [1]
4 yemas de huevo
1 vaso de agua de vinagre.

pondremos a cocer, en un puchero al fuego, con agua y sal, y así que rompan el hervor escurriremos su agua y les echaremos a las manos el ramillete compuesto, los piñones, la cebolla pelada y cortada en cuatro trozos y sal, cubriéndolas con el caldo y que continúen su cocción. Ya cocidas y escurridas las colocaremos en una fuente.

Prepararemos una salsa batiendo las yemas de huevo con el zumo del otro limón, debe quedar todo muy unido.

Esta salsa la verteremos sobre las manos en el momento de servirlas a la mesa.

---

[1] Puede ser de cubitos.

280. Mollejas de ternera al jerez

Ingredientes para 4 personas:
6 mollejas de ternera que sean tiernas
1 zanahoria
1 copa de licor de jerez seco
1 cucharada sopera no muy llena de harina
1 cebolla
1 lata mediana de champiñones
3 cucharadas soperas de mantequilla
400 gramos de pan
8 cucharadas soperas de aceite
Sal
Agua.

Lavaremos y prepararemos las mollejas cortándolas a trozos regulares, más bien finos.

En una cazuela al fuego con el aceite freiremos la cebolla y la zanahoria, ambas peladas y muy picadas; colocaremos sobre ellas las mollejas cortadas y sazonaremos con sal, dejándolas cocer, destapadas y en el horno, hasta que estén doradas. Después les añadiremos la harina, seguidamente agregaremos el jerez y una copita de agua, tapándolas. Que cuezan ahora a fuego lento durante 1 hora y media.

Del pan sin corteza cortaremos 8 discos, los cuales, freiremos en la mantequilla y colocaremos en una fuente. Sobre el pan irán las mollejas bien escurridas. Pasaremos la salsa por un colador fino, agregándole los champiñones cortados en tiras delgadas; rectificaremos de sal, y lo herviremos unos minutos vertiéndolo por encima de las mollejas.

Las serviremos muy calientes a la mesa.

281. Riñones al jerez

Ingredientes para 4 personas:
800 gramos de riñones de ternera

Limpiaremos los riñones, y los picaremos o cortaremos en cuadros, colocándolos en un colador y sumergiendo éste en

4 cucharadas soperas de aceite
1 cucharada sopera de perejil picado
1 copa de licor de jerez
Agua
Sal
1 diente de ajo
1 tazón de arroz blanco (facultativo).

una cazuela con agua hirviendo, sacándolos rápidamente y dejándolos escurrir.

Ya limpios los riñones, les echaremos sal y el diente de ajo picado, friéndolos seguidamente en el aceite, puesto en una cazuela de barro al fuego y que estará muy caliente. Añadiéndoles, a continuación, el jerez y el perejil y dejaremos hervir lentamente sólo durante 2 minutos, sirviéndolos a la mesa.

Los podemos acompañar, si queremos, con arroz blanco en moldes pequeños, o bien servirlos solos.

282. Riñones de ternera a la andaluza

Ingredientes para 4 personas:

800 gramos de riñones, pueden ser de ternera o de cerdo
Agua
Sal
80 gramos de manteca de cerdo
1 vasito de vino blanco
100 gramos de guisantes de lata
2 pimientos rojos de lata
400 gramos de patatas
1/4 de litro o más de aceite
Unos trozos de pan frito en aceite.

Cortaremos los riñones a trocitos y los pondremos en un pote o cazuela, al fuego, con sal y cubiertos de agua en la que darán un ligero hervor para blanquearlos.

Echaremos la manteca de cerdo, en una cazuela al fuego, y en ella rehogaremos los riñones, incorporándoles los guisantes, el vino, los pimientos cortados a cuadros o tiras y un poco de sal.

Freiremos aparte, en el aceite, las patatas peladas y cortadas a cuadros y las adicionaremos a los riñones. Serviremos éstos en una fuente agregándoles los trozos de pan frito.

283. Sesos a la flamenca

Ingredientes para 4 personas:

1 sesada de ternera o 2 de cordero
Agua
Limón o vinagre
Sal
80 gramos de manteca de cerdo.

Lavaremos en agua fresca los sesos y los coceremos en agua ligeramente ácida y salada [1]. Los escurriremos y cortaremos en dos, sirviéndolos simplemente, rociados con la manteca derretida.

[1] Con zumo de limón o vinagre y sal.

284. Sesos rebozados y fritos

Ingredientes para 4 personas:

1 sesada de ternera, o bien, dos de cordero

Limpiaremos los sesos y les daremos un ligero hervor en agua, que los cubra, con la hoja de laurel, el vinagre y sal. Sólo cocerán 3-5 minutos.

Agua
Sal
1 hoja de laurel
1 cucharada sopera de vinagre
100 gramos de harina
3 huevos
1/4 de litro o más de aceite
1 limón.

Escurridos y casi fríos los cortaremos en dados que pasaremos por la harina y los huevos batidos y freiremos en el aceite, puesto al fuego en una sartén, y muy caliente. Se hacen doraditos por ambos lados y precisan muy poco tiempo.

Los serviremos acompañados del limón cortado a trozos.

285. Lengua de ternera con aceitunas

Ingredientes para 4 personas:

1 lengua de ternera
Agua
Sal
100 gramos de manteca de cerdo
1 cebolla
1 cucharada sopera de pimentón rojo dulce
1 taza de desayuno de caldo [1]
100 gramos de aceitunas sin hueso.

Coceremos la lengua, con agua y sal quitándole el pellejo una vez cocida. Aparte echaremos en una cazuela, al fuego, la manteca y la cebolla pelada y picada, añadiendo la harina y el pimentón rojo, cuando se haya dorado, incorporaremos la lengua cortada a trozos dándole una vuelta en la grasa sin que llegue a dorarse. Le adicionaremos el caldo y la coceremos unos 15 minutos. Picaremos las aceitunas muy pequeñitas y las echaremos a la salsa para que cuezan un poco con la lengua. Riquísima, si la presentamos recién hecha y muy caliente.

[1] Puede ser de cubitos.

286. Lenguas de cerdo a la casera

Ingredientes para 4 personas:

5 ó 6 lenguas de cerdo
1/4 de litro o más de aceite
Sal
3 tomates frescos
3 pimientos frescos rojos o verdes
1 hoja de laurel
1 cucharada sopera de pimentón rojo dulce
4 alcachofas frescas
1 limón.

Lavaremos perfectamente las lenguas y las cortaremos a trozos echándoles sal. En una cazuela de barro, al fuego, con el aceite, freiremos las lenguas añadiéndoles los tomates y pimientos, ambos pelados y cortados en trozos, así como el laurel y el pimentón rojo.

Aparte pelaremos y cortaremos las alcachofas (serán tiernas) y las frotaremos con el limón echándolas rápidamente a la cazuela de las lenguas para que se hagan con éstas. Si es preciso añadiremos un poco de agua para que no se pegue. Cocinaremos a fuego bajo.

Serviremos las lenguas de cerdo en una fuente con su salsa y las alcachofas.

287. Criadillas empanadas y fritas

Ingredientes para 4 personas:
500 gramos de criadillas de ternera o de cordero
Sal fina
100 gramos de pan rallado
3 huevos
1/4 de litro o menos de aceite
1 limón.

Pelaremos las criadillas cortándolas en rodajas y dándolas sal por ambos lados.

Echaremos el aceite en una sartén, al fuego. Batiremos los huevos y pondremos el pan rallado en un plato. Pasaremos los trozos de criadilla, primero por pan rallado, después por los huevos batidos y nuevamente por pan rallado, friéndolas en el aceite caliente.

Las serviremos a la mesa en una fuente y con el limón cortado a trozos.

Capítulo XI

AVES Y CAZA

288. Pollo flamenco
289. Pollo relleno
290. Pollo jerezano
291. Pollo a la andaluza
292. Pato con aceitunas
293. Pava en pepitoria
294. Pava en salsa de almendras
295. Pavipollo con verduras
296. Pavipollo con jerez
297. Conejo almogavar
298. Conejo en pobre
299. Capón relleno a la andaluza
300. Gallina a la granadina
301. Gallina dorada
302. Muslos de gallina rellenos
303. Chanfaina de ave
304. Perdices a la andaluza
305. Perdices a la cortijera
306. Perdices en salmorejo
307. Perdices estofadas
308. Perdices escabechadas
309. Becadas asadas al jerez
310. Pichones a la andaluza
311. Pastel de pichones
312. Caldillo de conejo de monte
313. Liebre con salsa de aceitunas
314. Liebre guisada
315. Liebre estofada
316. Andrajos de liebre

288. Pollo flamenco

Ingredientes para 4 personas:

1 pollo de 1.500 gramos de peso
2 cebolletas
1 diente de ajo
50 gramos de manteca de cerdo
Perejil fresco
1 cucharada sopera llena de harina
Sal
Pimienta blanca en polvo
1 vaso de agua lleno de vino blanco
1 taza de desayuno llena de caldo de carne [1].

Limpiaremos y vaciaremos el pollo, abriéndolo por el centro y poniéndolo en una cacerola a dorar con la manteca, las cebolletas peladas, el perejil y el ajo todo muy picado. Espolvorearemos con la cucharada de harina, echaremos el vino blanco, el caldo, sal, pimienta y lo dejaremos cocer lentamente, sirviéndolo cortado en trozos.

---

[1] Puede ser de cubitos.

289. Pollo relleno

Ingredientes para 4 personas:

1 pollo de 1.500 gramos de peso bien cebado
Los menudillos y la sangre del pollo
25 gramos de almendras tostadas
Perejil fresco
1 diente de ajo
1 cebolla
Un poco de nuez moscada
Sal
1 limón
1/4 de kilo de carne picada de cerdo
50 gramos de jamón
Sal
1 huevo crudo
Pimienta blanca en polvo.

Ingredientes para cocer el pollo:

1 vaso de vino, lleno de vino blanco seco
1 cabeza de ajos
100 gramos de manteca de cerdo
1 hoja de laurel
2 granos de pimienta
1 palito de canela
Sal.

Después de limpio y vacío el pollo lo rellenaremos del modo siguiente: uniremos en un bol grande la carne de cerdo, con el jamón, la sangre y los menudillos (todo picado) y lo mezclaremos con las almendras fritas y machacadas también, el ajo, el perejil, la cebolla y el huevo duro (todo picado), y le adicionaremos el huevo batido, sazonando con sal y pimienta, un poco de ralladura de nuez moscada y ralladura de la piel del limón. Amasaremos todo hasta formar una masa con la que rellenaremos el pollo, cosiéndolo después.

Ya cosido ataremos las patas y alones para darle bonita forma, y lo untaremos con manteca, poniéndolo en un puchero, y rociándolo con el vino, colocaremos el puchero al fuego y, cuando se haya consumido el vino, le echaremos agua, la cabeza de ajos, el laurel, la pimienta y la canela así como un poco de sal, dejándolo cocer después lentamente.

Debe consumirse el agua y quedar tan solo una especie de salsa.

Troceado el pollo lo serviremos con su relleno y la salsa o jugo pasados por un tamiz.

290. Pollo jerezano

Ingredientes para 4 personas:

1 pollo de 1.500 gramos de peso
50 gramos de manteca de cerdo
1 cebolla
2 dientes de ajo
50 gramos de tocino cortado en lonchas
1 zanahoria grande
1 taza de desayuno de caldo [1]
1 copa de licor de jerez seco
Perejil fresco
Sal.

Limpio el pollo, lo mecharemos, con la aguja destinada a este fin, con la mitad del tocino cortado a tiras; lo sazonaremos con sal, y lo colocaremos en una fuente de horno rociándolo con la manteca de cerdo derretida, a continuación le agregaremos la zanahoria, la cebolla, los ajos y unas ramas de perejil, todo ello picado muy fino, lo mismo que el resto del tocino, y lo meteremos a horno medio fuerte. Cuando comience a tomar color le agregaremos el caldo y el jerez. Siguiendo su cocción a fuego lento, y regándolo, de vez en cuando, con su propio jugo.

Para servirlo lo trincharemos, y colocaremos en una fuente regándolo con la salsa pasada por el colador. Podemos acompañarlo con una ensalada fresca de lechuga o unas patatas fritas.

[1] El caldo puede ser de cubitos.

291. Pollo a la andaluza

Ingredientes para 4 personas:

1 pollo de 1.500 gramos de peso
2 dientes de ajo
1 cebolla
10 almendras tostadas
1 vasito de vino de jerez seco
2 yemas de huevo duro
1 hoja de laurel
Perejil fresco
4 cucharadas soperas de harina
Caldo
Unas hebras de azafrán
Pimienta blanca en polvo
1/4 de litro o menos de aceite
Sal
1 tazón de caldo [1]

Partiremos el pollo, ya limpio, a trozos que sazonaremos con sal y pimienta; en una sartén al fuego con el aceite freiremos los ajos enteros, una vez fritos los retiraremos y reservaremos en el mortero, poniendo a freír, en este aceite, el pollo pasado por la harina. Lo dejaremos dorar, a medida que esté lo pasaremos a una cazuela. En el mismo aceite, colado, rehogaremos la cebolla pelada y picada, cuando comience a tomar color la adicionaremos con el aceite sobre el pollo. Rehogaremos todo ello, añadiendo el jerez. Lo dejaremos hervir, a fuego moderado, hasta que se reduzca un poco el vino, en ese momento le incorporaremos un poco de caldo y el laurel, rectificando de sal y que cueza a fuego lento.

Machacaremos en el mortero los ajos y las almendras, peladas, en unión de las hebras de azafrán, un poco de perejil y

[1] Para hacer el caldo, empleado en esta receta, podemos emplear las patas del pollo previamente peladas, bien chamuscándolas o escaldándolas unos momentos en agua hirviendo, y el pescuezo, los menudos y puntas de las alas.

las yemas de huevo duro; todo ello bien majado, lo desleiremos con el resto del caldo vertiéndolo sobre el pollo, que cocerá ahora unos minutos más hasta que esté muy tierno.

Lo serviremos caliente en una fuente y con toda su salsa. Podemos acompañarlo con patatas fritas o bien con una ensalada del tiempo.

292. Pato con aceitunas [1]

Ingredientes para 4 personas:

1 pato de 1.500 gramos de peso
1 cebolla
1 vaso de vino de jerez seco
1/4 de litro de caldo [2]
100 gramos de aceitunas sevillanas sin hueso
2 zanahorias
50 gramos de manteca de cerdo
Un poco de tomillo en polvo
Pimienta negra en polvo
Sal.

Ataremos el pato, vaciado y flameado, con un bramante, y lo sazonaremos con sal, pimienta y tomillo en polvo, poniéndolo en una cazuela al fuego y rociándolo con la manteca caliente; lo dejaremos dorar por todos los lados, y le agregaremos entonces la cebolla picada y las zanahorias peladas y partidas en rodajas finas, rehogando todo de nuevo y metiéndolo seguidamente en el horno con la cazuela tapada. Lo dejaremos asar 1 hora y media a calor medio fuerte, dándole vueltas de vez en cuando. Pasado el tiempo indicado lo rociaremos con el jerez y el caldo, continuando su cocción hasta que el pato esté en su punto (asándolo tapado tarda más, naturalmente, pero queda mucho mejor).

Ya asado, lo trincharemos, y dejaremos en una fuente. Pasaremos la salsa por un pasador, añadiéndole las aceitunas cortadas y daremos un hervor a esta salsa de unos 2-3 minutos vertiéndola después sobre el pato y sirviendo éste inmediatamente a la mesa.

[1] Esta receta se la conoce también con el nombre de «Pato a la sevillana».

[2] El caldo puede ser de cubitos, desde luego, pero si tenemos a mano caldo de cocido o de restos de otros hervidos quedará el plato mucho más sabroso.

293. Pava en pepitoria

Ingredientes para 4-6 personas:

1 pavita joven y tierna de no menos de 2 kilos de peso

Después de limpia la pava la cortaremos a trozos o cuartos más o menos grandes, dándoles sal.

En una cazuela grande al fuego derretiremos la manteca de cerdo y freiremos en ella los dientes de ajo y las rebanadas

1 cucharada sopera de perejil picado
Pimienta blanca en polvo
El zumo de medio limón
2 rebanadas de pan
200 gramos de manteca de cerdo
2 clavillos
un poco de azafrán en hebra
1 cebolla de tamaño mediano
1 tazón de agua
Sal
1/2 hoja de laurel.

de pan; todo bien dorado, lo retiraremos a un plato, echando entonces el perejil y retirándolo en seguida. En la misma manteca echaremos la cebolla pelada y picada finamente y los trozos de pava, rehogaremos ambas cosas y las cubriremos con agua para que cuezan con la cazuela tapada.

Cuando los trozos estén ya algo tiernos les adicionaremos el majado siguiente:

En el mortero machacaremos los dientes de ajo, el pan y el perejil fritos anteriormente, añadiéndoles los clavillos y el azafrán y la media hoja de laurel tostada.

Hecho una pasta lo desleiremos con un poco de agua vertiéndolo sobre la pava, y mezclándolo bien. Lo dejaremos cocer moderadamente, añadiéndole agua, si es preciso, para que cuando la pava esté tierna le quede una salsita más bien espesa.

294. Pavo en salsa de almendras

Ingredientes para 4-6 personas:

1 pavo de un mínimo de 2 kilos de peso
Sal
1/4 de litro de aceite fino
500 gramos de almendras tostadas
3 dientes de ajo
1 papeleta de azafrán en hebra
2 cebollas
3 cucharadas soperas de harina
1 limón
1/4 de litro de caldo [1].

Limpiaremos el pavo cortándolo a trozos a los que daremos sal. Echaremos el aceite en una sartén honda y grande puesta al fuego y, en ella, freiremos los trozos de pavo hasta que los veamos doraditos. A medida que los saquemos de su fritura los iremos dejando en una cazuela y, en la grasa de la sartén (quitaremos un poco si es demasiado) freiremos las almendras sin piel y cortadas a trocitos, las cebollas peladas y cortadas finas, añadiendo el diente de ajo majado en el mortero, con el azafrán, incorporaremos la harina y el caldo de carne, dejándolo cocer 5/8 minutos y adicionándole el zumo de limón, colado. Echaremos esta salsa sobre el pavo, sin colar, y que cueza éste un poco en ella. Sirviéndolo a la mesa en una fuente.

[1] Debe ser un buen caldo de carne o del puchero.

295. Pavipollo con verduras

Ingredientes para 4 personas:

2 pavipollos
Sal

Limpiaremos los pavipollos cortándoles en trozos a los que daremos sal, friéndolos en una sartén, al fuego, con el aceite caliente.

1/4 de litro de aceite
2 tomates
3 pimientos frescos verdes
2 cucharadas soperas de harina
1/4 de litro de caldo [1]
6 zanahorias
4 nabos
Un poco de apio
nuez moscada
Pimienta blanca en polvo
Agua.

En la grasa misma de freír los trozos de pavipollo, haremos un sofrito con los tomates y pimientos cortados, a los que incorporaremos la harina y el caldo. Una vez que haya hervido esta salsa la pasaremos por el prensa-purés o chino.

Echaremos la salsa sobre los trozos de pavipollo, puestos en una cazuela y que den un ligero hervor en ella.

Aparte pelaremos y picaremos, finamente, las zanahorias, nabos y apio y les daremos un hervor en agua y sal. Cocidos y escurridos los adicionaremos a la cazuela del ave, agregando un poco de nuez moscada rallada, y pimienta blanca en polvo. Que den un ligero hervor y los serviremos a la mesa muy calientes.

[1] Debe ser un buen caldo de carne o del puchero.

296. Pavipollo al jerez

Ingredientes para 4 personas:

2 pavipollos
1 vaso de agua, de jerez seco
100 gramos de manteca de cerdo
Sal.

Limpios y flameados los pavipollos los dejaremos durante 10-12 horas en lugar fresco y seco. Al día siguiente los untaremos por fuera y por dentro con la manteca, sazonándolos con sal y disponiéndolos en una fuente los meteremos a horno fuerte; cuando comiencen a dorarse los bañaremos con el vino de jerez, dándoles vueltas y, de vez en cuando, los regaremos con su propio jugo. Estarán en el horno hasta que los veamos tiernos y bien dorados.

En su punto, los retiraremos, trinchándolos y sirviéndolos en una fuente amplia con todo su jugo, por encima.

297. Conejo almogavar

Ingredientes para 4 personas:

1 conejo grande de 1.800 gramos de peso
2 tomates frescos
1 cebolla
3 dientes de ajo
1/2 docena de almendras tostadas
1/2 onza de chocolate
1 bizcocho sin azúcar

El conejo, limpio y vaciado, lo partiremos en trozos grandes, que sazonaremos con sal. Pondremos la manteca en una cazuela al fuego y en ella rehogaremos los trozos de conejo. Cuando comiencen a tomar color dorado, les añadiremos la cebolla pelada y picada y los tomates pelados y partidos en trozos, dejándolo cocer a fuego lento. En el mortero majaremos los ajos y las almendras tostadas, unas ramas de perejil y un poco de pimienta, el chocolate rallado, el bizcocho y el

1 vasito de vino blanco seco
1 taza de desayuno de caldo[1]
Perejil fresco
100 gramos de manteca de cerdo
Pimienta blanca en polvo
Sal.

hígado del animal; desliendo esto con el vino y el caldo. Lo verteremos sobre el conejo, que seguirá cociendo hasta que esté tierno. Rectificaremos de sal.

Ya en su punto lo pasaremos a una fuente y lo serviremos muy caliente a la mesa.

---

[1] Puede ser de cubitos.

298. Conejo en pobre

Ingredientes para 4 personas:

1 conejo de 1.800 gramos de peso
3 dientes de ajo
1 limón
3 cucharadas soperas de aceite
2 gramos de pimienta
1 cucharilla de café de canela en polvo
Sal
Perejil fresco.

Limpio y arreglado el conejo lo abriremos por su mitad poniéndolo en una parrilla y dorándolo un poco, después lo partiremos a trozos.

En una cazuela al fuego con el aceite pondremos los trozos de conejo agregándoles unas ramas de perejil picado, los ajos pelados y picados y la pimienta. A fuego lento los iremos rehogando, cubriéndolos después con agua, y agregándoles un poco de canela y unas rodajas de limón.

Cuando el conejo esté hecho, y consumido parte del caldo, lo podremos servir.

299. Capón relleno a la andaluza

Ingredientes para 6-8 personas:

1 capón de 3 kilos
500 gramos de carne de cerdo
150 gramos de tocino
100 gramos de miga de pan fresco
2 huevos
1 vasito de vino de jerez oloroso
20 gramos de piñones
25 gramos de pasas
300 gramos de telilla de cerdo
Sal
Canela en polvo
Pimienta blanca o negra en polvo
100 gramos de manteca de cerdo

Preparado el capón flameado, se limpia con un paño y se procede a rellenarlo.

Se quitan las pepitas de las pasas y se pican, picándose también los piñones, el magro y tocino en la máquina y la miga de pan empapada en un poco de leche, y en un recipiente se mezcla con los huevos, el jerez, un poco de sal, canela y pimienta; se añaden los piñones y pasas y se rellena por el buche, sujetando la piel del pescuezo en la espalda del capón con unas puntadas; se cose también por abajo para que no escape el relleno.

Se arma como las demás aves y se envuelve por completo en la telilla de cerdo (esta puede sustituirse por una loncha fina de tocino) y se deja en reposo al fresco durante 48 horas.

Lo asaremos al horno con la manteca, dándole vueltas para que se haga bien.

300. Gallina a la granadina

Ingredientes para 4 personas:

1 gallina gorda de 1.200 a 1.500 gramos de peso
2 dientes de ajo
2 batatas
1 cebolla
4 plátanos
1 vaso de vino de vino blanco
200 gramos de mantequilla
1 tazón de desayuno de caldo [1]
1 cucharilla de café de harina
1 hoja de laurel
perejil fresco
Pimienta blanca en polvo
Sal.

Colocaremos la gallina, ya limpia, en una cazuela con la mitad de la mantequilla fundida, la cebolla pelada y picada y los ajos también picados; la dejaremos dorar, añadiéndole entonces la cucharilla de harina, el vino, el laurel, perejil picado, sal y pimienta y la taza de caldo, que cueza ahora a fuego lento hasta que esté tierna la carne de ave.

En el resto de la mantequilla, puesta en una sartén al fuego, rehogaremos las batatas, peladas y partidas en trocitos, lo mismo que los plátanos pelados y partidos a trozos regulares. Este preparado lo añadiremos a la gallina cuando esté ya casi cocida.

Pasaremos todo ello a una fuente con la salsa y lo serviremos muy caliente.

---

[1] Puede hacerse el caldo con los dentros y cuello de la gallina.

301. Gallina dorada

Ingredientes para 4 personas:

1 gallina tierna de 1.200 a 1.500 gramos de peso
Sal
100 gramos de tocino con hebra
150 gramos de mantequilla
1 vaso de vino de jerez seco
1 taza de desayuno de caldo [1]
1 /2 kilo de patatas
100 gramos de manteca de cerdo.

Limpiaremos la gallina por dentro y por fuera dándole sal (puede ser polla joven). Cortaremos el tocino a tiras y las pondremos sobre el ave atándolas, de forma que quede con las alas y los muslos bien recogidos.

En una fuente de horno, con la mantequilla, asaremos la gallina dándole vueltas de vez en cuando, y regándola con el jerez y el caldo. Debe dorarse y a la vez que la carne, por dentro, quede hecha.

Pelaremos las patatas y si podemos moldearlas con el aparato mucho mejor. Con sal las doraremos en la manteca de cerdo.

Trincharemos la gallina, una vez hecha, y la presentaremos junto con el jugo de su cocción y las patatas.

---

[1] El caldo puede hacerse con los menudos y cuello del ave.

302. Muslos de gallina rellenos

Ingredientes para 4 personas:

8 muslos de gallina
100 gramos de carne picada de cerdo
100 gramos de jamón
Sal
Agua
1 zanahoria
Un poco de apio
1 nabo
1 patata.

Ingredientes para la guarnición:

1 lechuga fresca o gelatina preparada.

Limpiaremos los muslos y los cortaremos un poco, allí donde más carne tienen. Con la carne picada y el jamón (también muy picado) rellenaremos los muslos que después ataremos devolviéndoles su forma primitiva.

En una olla, al fuego, con agua, la zanahoria pelada y entera, el nabo de igual forma y el apio colocaremos los muslos, echando un poco de sal. Que cuezan hasta verlos bien tiernos.

Escurridos los dejaremos enfriar, sirviéndolos con una ensalada de lechuga o con la gelatina.

Este plato podemos hacerlo de un día para otro.

303. Chanfaina de ave

Ingredientes para 4 personas:

1 pava o gallina de 1.200 gramos de peso
El espinazo de un cerdo
4 dientes de ajo
Nuez moscada
20 almendras tostadas
perejil fresco
1 cebolla mediana
200 gramos de hígado de cerdo
2 huevos duros
1 morcilla de sangre
1 tomate fresco
1 pimiento fresco
Agua
3 cucharadas soperas de aceite
Sal.

Pondremos una olla al fuego con agua y sal y en ella echaremos el ave cortada a trozos, los huevos pelados y cortados, el espinazo de cerdo, el tomate, el pimiento, el hígado de cerdo, la cebolla pelada y picada, dos de los dientes de ajo, y perejil (picados). Dejándolo hervir todo y, cuando esté cocido, retiraremos el hígado y lo machacaremos en el mortero con el resto de los dientes de ajo asados, y las almendras fritas. Este majado lo desleiremos con un poco de caldo de la olla, vertiéndolo sobre los trozos del ave, y añadiendo la morcilla. Cuando todo esté cocido y en su punto, lo serviremos a la mesa.

304. Perdices a la andaluza

Ingredientes para 4 personas:

2 perdices
1 latita de anchoas
2 pimientos frescos
200 gramos de tocino
1 kilo de tomates frescos

Las perdices, a ser posible jóvenes, las tendremos ya desplumadas, las pasaremos por la llama y destriparemos, limpiándolas con un paño. Lavaremos los menudos, picándolos finamente en unión del tocino y las anchoas, y con ello rellenaremos las aves poniéndolas en una cazuela al fuego, con aceite caliente, y dorándolas por ambos lados. Les agregare-

1 vaso de agua de vino blanco
Perejil fresco
Pimienta blanca en polvo
6 cucharadas soperas de aceite
Sal.

mos seguidamente los tomates escaldados, pelados y limpios de semillas, lo mismo que los pimientos pelados y sin semillas y partidos en trozos grandes. Sazonaremos con sal, pimienta y perejil bien picado, y les echaremos el vaso de vino blanco, dejándolas cocer, bien tapadas, por espacio de 1 hora o algo más (depende de que la carne de las perdices sea más o menos tierna).

En su punto, las pasaremos a una fuente y las serviremos muy caliente, rodeadas con toda la salsa de su cocción.

305. Perdices a la cortijera

Ingredientes para 4 personas:

2 perdices
4 tiras de tocino que tenga algo de carne
1 col blanca
200 gramos de salchichón
1 ramillete de hierbas aromáticas [1]
2 zanahorias
2 cebolletas
1 tazón de desayuno de caldo [2]
2 cucharadas soperas de manteca de cerdo
100 gramos de tocino fresco
Sal
Agua.

Prepararemos las perdices bien limpias, dándoles sal por dentro y por fuera y atándolas para que tengan una bonita forma, al atarlas, lo haremos uniéndoles dos tiras de tocino a cada una de ellas. Picaremos y herviremos la col con agua y sal. Cocida y escurrida la pondremos en una cazuela honda con el tocino fresco cortado, las perdices, el salchichón, las hierbas aromáticas, las zanahorias peladas y enteras y las cebolletas y el caldo que lo cubrirá todo, para que se haga bien. A media cocción, adicionaremos la manteca de cerdo.

Es conveniente que bajo la tapadera pongamos un papel de aluminio para que el vapor no se salga.

Serviremos las perdices en una fuente, partidas cada una en dos, y puestas sobre la col.

---

[1] Compuestas por un ramillete de tomillo, hinojo y laurel, convenientemente atado.

[2] Debe ser buen caldo de carne o del puchero.

306. Perdices en salmorejo

Ingredientes para 4 personas:

8 perdices
1/8 litro de aceite
3 granos de pimienta
2 pimientos rojos de lata

Limpiaremos y vaciaremos las perdices poniéndolas a cocer en una olla al fuego con agua y sal. Ya cocidas las asaremos a la parrilla, de forma que se tuesten un poco y, a medida que van estando hechas, las desmenuzaremos.

Coceremos los huevos y, ya cocidos y fríos, los pelaremos,

12 huevos
Agua
Sal.

abriéndolos y retirando las yemas, que machacaremos en el mortero, añadiéndoles, poco a poco, el aceite crudo y los granos de pimienta machacados. Agregaremos el caldo de cocer las perdices, las claras de huevo picadas y los pimientos morrones cortados en trocitos, y mezclaremos esto con la carne de las perdices, sirviéndolas a continuación.

307. Perdices estofadas

Ingredientes para 4 personas:
2 perdices
100 gramos de manteca de cerdo
Sal
2 zanahorias
2 tomates
1 cebolla
1 clavo
1 grano de pimienta
1 cabeza de ajos
1 hoja de laurel
1 vaso de agua, lleno de vino blanco.

Tendremos preparadas las perdices bien limpias, por fuera y por dentro, y con sal.

Pondremos una fuente de horno con la manteca cubriendo su fondo con las zanahorias peladas y cortadas en ruedas, la cebolla pelada y trinchada, los tomates partidos a trozos y sobre ello irán las perdices. Agregaremos el clavo, el grano de pimienta, la cabeza de ajos y el laurel, metiéndolas a asar al horno. Les daremos vueltas y adicionaremos el vino blanco.

Una vez hechas las trincharemos y pondremos en una cazuela, sobre el fuego, pasando toda su salsa sobre ellas en la que darán un ligero hervor.

308. Perdices escabechadas

Ingredientes para 4 personas:
2 perdices
1/4 de litro de aceite o menos
2 cabezas de ajo
1 clavo
1 grano de pimienta
1 hoja de laurel
Un poco de tomillo
1 cucharada sopera de pimentón rojo dulce
1/4 de litro de vinagre
Sal
Agua.

Procederemos a preparar las perdices, limpias y enteras; les daremos sal por dentro y por fuera. En el aceite, puesto al fuego en una sartén, las freiremos perfectamente pasándolas, acto seguido, a una cazuela de barro o pyrex u otro material no metálico y, en el resto del aceite haremos el escabeche, procediendo primero a majar los ajos, crudos, en el mortero, y echándoles el aceite junto (o sea, a la vez) que el clavo, pimienta, laurel, tomillo, pimentón y vinagre. A esto le adicionaremos un poco de agua (un cacillo o cucharón) y sal. Debe quedar de sabor fuerte.

Cortaremos o trincharemos las perdices, dejándolas de

nuevo en la cazuela y pasando sobre ellas el escabechado.

Se pueden comer de inmediato, o bien, guardarlas 24-36 horas en el frigorífico y en la misma cazuela.

309. Becadas [1] asadas al jerez

Ingredientes para 4 personas:

4 becadas
1 taza de desayuno de caldo [2]
1 vaso de vino de jerez seco
4 lonchas o tiras de tocino
4 cucharadas soperas de manteca de cerdo
Pimienta negra en polvo
Sal.

Desplumadas y flambeadas las becadas las limpiaremos con un paño y seguidamente las echaremos sal y pimienta por dentro y por fuera, colocándolas en una fuente de horno, cubriremos cada una de ellas con una loncha de tocino, y las rociaremos con la manteca de cerdo derretida asándolas en el horno, hasta que estén muy tiernas (una media hora aproximadamente). Una vez asadas las quitaremos la grasa, poniendo esta grasa en una sartén, y adicionándole el jerez y el caldo, las dejaremos hervir 5 minutos, pasando después esta salsa por un colador fino.

Retiraremos el tocino de las aves, y las colaremos en una fuente de servir regándolas con parte de la salsa, el resto lo serviremos en salsera aparte. Podemos adornarlas con unos montocitos de patatas paja.

[1] Conocidas también con el nombre de «Chochas».
[2] Será mejor emplear un buen caldo casero que hacerlo de cubitos.

310. Pichones a la andaluza

Ingredientes para 4 personas:

4 pichones
8 filetes de anchoas
1/4 de litro o menos de aceite
8 cebollitas pequeñas
1 vaso de vino blanco
2 dientes de ajo
Perejil fresco
4 rebanadas de pan frito en mantequilla o aceite
Sal.

Limpiaremos y soflamaremos los pichones atándoles las patas, y dándoles sal. Los mecharemos con los filetes de anchoas, rehogándolos en el aceite, puesto en una cazuela al fuego, y muy caliente, a lumbre suave. En otra cazuela rehogaremos las cebollitas pequeñas, y una vez doradas, las incorporaremos a los pichones, con los dientes de ajo, un manojo de perejil y mojando con el vino blanco. Lo dejaremos cocer lentamente que se reduzca su salsa, suprimiendo luego los ajos y el perejil. Desengrasaremos un poco esta salsa y trasladaremos el guiso a una fuente, rodeando los pichones con las cebollitas y las rebanaditas de pan frito.

311. Pastel de pichones

Ingredientes para 4 personas:

Para el relleno:
3 pichones
100 gramos de lomo de cerdo
100 gramos de jamón
2 rebanadas de pan
1 cucharilla de café de canela en polvo
Pimienta blanca en polvo
Sal
2 cucharadas soperas de manteca de cerdo
10 almendras tostadas
1 diente de ajo
2 huevos
Agua.

Para la masa:
125 gramos de harina de primera clase
60 gramos de manteca de cerdo
120 gramos de azúcar
125 gramos de harina de trigo fuerte
60 gramos de mantequilla
3 huevos.

Ya desplumados, vaciados y limpios los pichones les quitaremos todos los huesos de la carne, así como los pellejos y prepararemos con ellos un picadillo. Picaremos también el lomo de cerdo y el jamón (que debe tener algo de tocino), y después de mezclar bien todas las carnes, las machacaremos en un mortero para que quede a modo de una pasta fina.

En una sartén al fuego pondremos a derretir la manteca de cerdo y freiremos en ella las almendras peladas, el ajo y las rebanadas de pan. Ya frito todo lo echaremos al mortero, añadiendo la canela, sal y pimienta, y machacando muy bien para hacer una pasta fina, que mezclaremos con el picadillo de carne. Lo amasaremos todo, añadiéndole uno de los huevos y una cucharada de agua hasta formar una pasta homogénea, y echaremos en la sartén moviendo con la cuchara.

Mientras espesa el relleno haremos la masa: sobre el mármol mezclaremos las dos clases de harina y en el centro abriremos un hueco y en él echaremos la manteca de cerdo y la mantequilla, agregando las tres yemas de los huevos y el azúcar. Con las manos recogeremos, poco a poco, la harina hasta formar una masa blanda que no se pegue a los dedos. Que repose 10-15 minutos, pasados los cuales, espolvorearemos el mármol con harina, y estiraremos la masa con el rodillo, dejándolo de el grueso de un duro. Con ella forraremos el interior de un molde de bizcocho de catorce centímetros de diámetro por ocho de alto, lo rellenaremos con la pasta de carne y lo cubriremos con otro trozo de masa laminada al mismo grueso, uniendo los bordes con un poco de huevo (el que nos queda) y formando un cordoncito con los dos bordes unidos, haciendo en el centro de la capa un orificio del tamaño de una moneda de cinco pesetas y poniendo en ella un tubito hecho con una cartulina enrollada.

En horno, no muy caliente, lo dejaremos hacer un par de horas y, cuando empiece a subir la abrillantaremos con yema de huevo batida con una cucharada de agua, volviéndolo a meter al horno hasta que esté dorada la superficie.

Frío lo desmoldaremos en una fuente sirviéndolo caliente o frío, según agrade más, si es caliente podemos meterlo al horno unos minutos antes de ir a servirlo.

312. Caldillo de conejo de monte

Ingredientes para 4 personas:

1 conejo de monte
3 cucharadas soperas de aceite
1/2 vaso de vino, de vinagre
3 dientes de ajo
Unas hebras de azafrán
Sal
80 gramos de manteca de cerdo
1 huevo duro
1 cebolla
Agua.

Una vez despellejado el conejo lo prepararemos en una tartera cortado a trozos (con sal) y añadiendo también su hígado, echaremos la manteca, la cebolla pelada y cortada y dos de los dientes de ajo enteros, asándolo en el horno.

Cuando esté asado retiraremos el hígado y lo majaremos en el mortero con la yema del huevo duro, las hebras de azafrán y el otro diente de ajo. Cuando esté hecho una pasta le agregaremos las cucharadas de aceite, poco a poco, labrando bien, como si fuera un gazpacho; y añadiendo el vinagre y una taza de agua lo echaremos sobre los trozos de conejo, ya asados y puestos en una fuente.

La clara del huevo duro la picaremos y la esparciremos sobre el conejo.

313. Liebre con salsa de aceitunas

Ingredientes para 4 personas:

1 liebre
2 cebollas medianas
Un poco de tomillo
50 gramos de piñones sin cáscara
50 gramos de aceitunas sin hueso
1 palito de canela
1 vaso de vino, de vino tinto
Aceite
Sal
Agua.

Limpiaremos la liebre partiéndola en trozos. Echaremos el aceite en una cazuela al fuego y rehogaremos en ella las cebollas peladas y cortadas en trozos, adicionaremos los trozos de liebre con sal y pondremos la canela, el vino, el tomillo y un vaso de agua, dejándolo hacer hasta que la liebre esté tierna.

Diez minutos antes de retirarla del fuego le agregaremos las aceitunas cortadas en aritos. Ya en su punto retiraremos los trozos de la salsa, la cual espesaremos con los piñones machacados; que dé un hervor pasándolo todo (salsa y aceitunas) por un prensa-purés o chino, vertiéndolo sobre la liebre puesta en una fuente que serviremos muy caliente a la mesa.

314. Liebre guisada

Ingredientes para 4 personas:

1 liebre
1 vaso de vino, de vino blanco
3 cucharadas soperas de aceite

Después de quitarle la piel y los intestinos cortaremos en trozos la liebre y cubriremos estos trozos con el vino blanco.

En una sartén echaremos las tres cucharadas de aceite y pondremos en ella el tocino y los trozos de liebre (que retira-

1 cucharilla de café de canela en polvo
3 clavillos
1 loncha de tocino
1 cebolla
250 gramos de manteca de cerdo
6 granos de pimienta
3 dientes de ajo
Sal.

remos del vino) añadiremos también la cebolla pelada y partida en varios trozos, dejando rehogar el conjunto unos 15 minutos. Ya dorado todo, lo echaremos a un puchero, con la manteca, y la canela, los granos de pimienta, los clavillos, los dientes de ajo picados y un poco de sal, agregando el vino. Taparemos la boca del puchero con un papel mojado y una cacerola con agua encima, y a fuego lento lo dejaremos cocer hasta que la liebre esté tierna y con la salsa muy sabrosa al paladar.

315. Liebre estofada

Ingredientes para 4 personas:
1 liebre de buen tamaño
100 gramos de tocino fresco
Un poco de tomillo
Perejil fresco
1 hoja de laurel
Sal
Pimienta blanca en polvo.

Pelaremos, limpiaremos y cortaremos la liebre en trozos. Pondremos una cacerola al fuego con el tocino derretido, los trozos de liebre, la sal, la pimienta en polvo, el laurel, el tomillo y el perejil. Dejaremos que tome buen color al conjunto y taparemos herméticamente la cacerola que se hará lentamente y, para servir, suprimiremos el tocino, quitaremos asimismo las hierbas y desengrasaremos la salsa.

316. Andrajos de liebre
(Plato típico de Puebla de Don Fadrique)

Ingredientes para 4 personas:
1 liebre
1 diente de ajo
1 cebolla
250 gramos de harina
Pimienta blanca en polvo
1 clavillo
Unas hebras de azafrán
4 cucharadas soperas de aceite frito
2 tomates grandes
1 cucharada sopera de pimentón rojo dulce
2 litros de agua
Sal
Un poco de hierbabuena.

Después de pelada cortaremos en pedazos la liebre y la pondremos a cocer en los dos litros de agua, añadiéndoles un poco de sal.

Cuando la liebre esté tierna que se pueda deshuesar bien, le quitaremos el caldo (que guardaremos) y desmigaremos la carne de la liebre, quitándole todos los huesos.

En una sartén al fuego echaremos el aceite, lo calentaremos y adicionaremos el ajo y la cebolla picados y el tomate pelado y también picado. Cuando todo esté frito, le agregaremos el pimentón, rehogando un poco y vertiendo todo en una cazuela honda, donde pondremos el caldo de la liebre, añadiéndole de agua lo que falte para completar dos litros.

Sazonaremos con pimienta, sal, clavillo y azafrán, todo machacadito. Removeremos bien y lo pondremos sobre el fuego para que se caliente. Al romper a hervir empezaremos a mover con espátula y, con la mano izquierda, le iremos espolvoreando la harina poco a poco hasta echarla toda.

Seguiremos moviendo para que salga muy fina y añadiremos la carne de la liebre para que hierva con todo, dejándolo cocer despacio 10 minutos.

Cuando esté hecha le añadiremos un poco de hierbabuena seca en polvo.

Capítulo XII

POSTRES

317. Alfajores
318. Tortas de almendras
319. Tortas de pastafloras
320. Tortas de chicharrones
321. Tortas de aceite.
322. Tortas de hornazos.
323. Torta de bellotas
324. Tortas de Fuengirola
325. Tarta de Sacro Monte
326. Cuajado de Ugijar
327. Roscos de Montefrío
328. Roscos de buen paladar
329. Roscón de Almería
330. Rosco de San Antonio
331. Mantecadas de Antequera
332. Mantecadas de aceite
333. Mantecadas de almendra
334. Potaje de castañas pilongas
335. Sopa de almendras de Ronda
336. Cazuela de San Juan
337. Pastelillos de crema
338. Polvorones sevillanos
339. Pestiños
340. Yemas de San Leandro
341. Piononos de Santa Fe
342. Dulce de Cidra
343. Flan de arroz con leche
344. Mostachos de Utrera
345. Bizcocho flamenco
346. Albaricoque atropellado
347. Buñuelos de viento
348. Bocaditos de monja
349. Borrachos o borrachuelos sevillanos
350. Brazo de gitano
351. Bollos de manteca
352. Retorcidos de hojaldre
353. Almuabanas andaluzas
354. Florones
355. Piñonate andaluz
356. Hornazos de Pascua
357. Pan kaiken
358. Crema al jerez
359. Gañotes de huevo
360. Hojuelas
361. Suspiros de aceite
362. Perrunas
363. Colación de piñoncillo
364. Higos en almíbar
365. Almendrados al jerez.

317. Alfajores

Ingredientes para 4 personas:

1/2 kilo de harina
250 gramos de azúcar
6 yemas de huevo
1 clara de huevo
25 gramos de mantequilla
1 cucharilla de levadura en polvo
50 gramos de coco rallado
1 bote de mermelada al gusto
Esencia de vainilla.

Mezclaremos la levadura con la harina y la pondremos sobre el mármol formando un montón, le echaremos la mantequilla, las yemas, la clara, el azúcar y la vainilla, e iremos mezclando todo bien para formar una pasta que trabajaremos un poco con las manos, extendiéndola después con el rodillo enharinado. Con un vasito procederemos a cortar la pasta en discos que pondremos a cocer, en la placa engrasada, a horno medio fuerte. Una vez cocidos y fríos los cubriremos con un poco de mermelada, uniéndolos de dos en dos; con el coco espolvorearemos por los lados.

Son famosos los alfajores en muchos lugares de Andalucía y se preparan de diferentes formas. Los más conocidos son los de Sevilla y Medina Sidonia.

318. Tortas de almendras

(Receta de las Rvdas. MM. Agustinas de Chiclana de la Frontera)

Ingredientes para 4 personas:

Para la masa:
1 huevo
1 cucharada sopera de canela en polvo
1/4 de kilo de azúcar
Harina, la que admita
1 cucharada sopera de agua.

Para el relleno:
1/4 de kilo de almendras
500 gramos de azúcar
La ralladura de la piel de 1 limón
8 huevos
1 cucharada sopera de canela en polvo
Dulce de cabello de ángel.

Prepararemos un molde de bizcocho, más bien ancho y bajo, untado de grasa.

Haremos la masa poniendo el huevo batido con una cucharada de agua, la canela y el azúcar, añadiendo harina hasta obtener una masa fina que estiraremos sobre la mesa con el rodillo hasta dejarla muy delgada. Forraremos el molde interiormente y prepararemos el relleno.

Escaldaremos las almendras, y les quitaremos la piel, secándolas bien y rallándolas en la máquina hasta dejarlas muy finas. Batiremos los huevos con el azúcar, la canela y el limón. Cuando estén muy batidos agregaremos las almendras, uniéndolo bien.

En el molde, ya preparado, echaremos la mitad del batido de almendra, cubriendo con una capa de dulce de cabello de ángel y echando la otra mitad de un lado a otro, igualando la masa alrededor del relleno y metiendo el molde en el horno hasta que esté dorado.

319. Tortas de pastaflora

Ingredientes para 4 personas:

1 kilo de harina
4 huevos
1/4 kilo de azúcar
Ralladura de la piel de 1 limón
1/2 kilo de manteca de cerdo muy fresca
4 copas de licor de anís seco
Dulce de cabello de ángel para rellenar
50 gramos de azúcar glas o fino.

Después de pasar la harina por un colador la pondremos sobre la mesa y haremos un hoyo en el centro poniendo en él la manteca, los huevos, anís, azúcar y la ralladura del limón.

Mezclados estos ingredientes, iremos echando harina hasta hacer una masa compacta. La dejaremos reposar en lugar templado y tapada unos 15-20 minutos.

La extenderemos con el rodillo hasta dejarla del grueso de medio centímetro, y poniendo una cucharilla de cabello de ángel, lo taparemos con una capa de masa, cortando las tortas con cortapastas rizado, y barnizando su superficie con yema de huevo. Las coceremos al horno durante 20 minutos.

Al sacarlas las espolvorearemos con un poco de azúcar glas.

320. Tortas de chicharrones

Ingredientes para 4 personas:

500 gramos de chicharrones
750 gramos de harina
250 gramos de azúcar
10 gramos de sal
1 cucharada sopera de manteca de cerdo
3 huevos
1/2 cucharilla de café de ralladura de piel de limón.

Picaremos muy bien los chicharrones. En un recipiente apropiado echaremos la harina, y le haremos un hueco en medio, adicionando en él todos los ingredientes y amasando hasta obtener una masa fina y compacta.

Espolvorearemos de harina una placa de horno, y moldearemos las tortas cogiendo una bola de masa y aplastándola con la mano hasta dejarla de un centímetro y medio de grueso, se espolvorean de azúcar y las coceremos a horno moderado hasta que estén doradas.

Las retiraremos de la placa con sumo cuidado para que no se partan.

321. Tortas de aceite

Ingredientes para 4 personas:

2 tazas de desayuno de aceite
5, gramos de ajonjolí

Pondremos a calentar al fuego el aceite con una cáscara de limón, y cuando esté frito, lo apartamos y, fuera del fuego, echaremos en él la matalahuga y el ajonjolí.

Harina para hacer la masa
5 gramos de matalahuga
10 gramos de canela en polvo
100 gramos de almendras crudas
1 taza de desayuno de vino blanco
150 gramos de azúcar
La cáscara de 2 limones.

Lo dejaremos enfriar echándolo en un barreño y ahora le agregaremos el vino, la ralladura de la piel de los limones, la canela y el azúcar. Bien mezclado todo, agregaremos la harina hasta lograr hacer una masa (la dejaremos reposar 15 minutos) pasados los cuales formaremos las tortas, poniendo encima de cada una varios trozos de almendras previamente escaldadas y quitadas la piel. Las pondremos en placas y las coceremos al horno hasta que estén doradas.

322. Tortas de hornazos

Ingredientes para 6 personas:

1 kilo de masa de pan [1]
1/8 litro de aguardiente
1/4 kilo de azúcar
1 1/2 litros de aceite
Un poco de matalahuga
Harina para amasar
Los huevos que hagan falta (pueden ser 6 u 8).

Pondremos la masa en un recipiente hondo y le abriremos un hueco en el centro, echando en él, el aceite frito y frío, con la matalahuga, el aguardiente y el azúcar, lo incorporaremos a la masa agregando un poco de harina para dejar una masa fina, que debe subir después de descansar 15 minutos.

Haremos unas tortas del tamaño que queramos y enterraremos unos huevos en la masa, haremos unos adornos sobre los huevos y coceremos las tortas en el horno hasta que estén doradas.

[1] Por lo regular la masa de pan puede comprarse en los hornos o panaderías.

323. Torta de bellotas

Ingredientes para 4 personas:

1/4 kilo de bellotas
125 gramos de manteca de cerdo
1 cucharilla de café de canela en polvo
1/4 kilo de azúcar
La ralladura de 1 limón
2 huevos.

Quitaremos la cáscara de las bellotas y las escaldaremos para quitarles la piel; bien secas las trituraremos en la máquina hasta molerlas muy finas.

Mezclaremos la bellota molida con la mantequilla, el azúcar, ralladura del limón y la canela, agregando los huevos, y revolviendo bien. Lo echaremos en un molde ancho y bajo untado de grasa y espolvoreado de harina y lo coceremos al horno hasta que esté dorado.

Lo desmoldaremos en frío.

324. Tortas de Fuengirola

Ingredientes para 4 personas:

1/2 kilo de harina blanca
50 gramos de canela
100 gramos de manteca de cerdo
3 huevos
1/4 kilo de azúcar
La ralladura de piel de 1 naranja
Harina la que admita.

Batiremos la manteca con el azúcar hasta ponerla fina, la agregaremos los huevos, la canela y la ralladura de la piel de naranja.

Agregaremos harina hasta formar una masa manejable sobre el mármol y con las manos y el rodillo formaremos las tortas, metiéndolas en una placa engrasada para cocerlas al horno, y echándoles clara de huevo para darles brillo por la superficie. Dejarlas enfriar fuera del horno y retirarlas de la placa con cuidado de que no se rompan.

325. Tarta del Sacro Monte

Ingredientes para 4 personas:

500 gramos de miga de pan atrasado
3 docenas de huevos
1.500 gramos de azúcar
1/2 cucharilla de café de canela en polvo
Un poco de manteca de vaca para engrasar.

Tostaremos y rasparemos la miga de pan, batiremos las tres docenas de huevos añadiéndoles el azúcar e incorporándoles el pan tostado y la canela. Una vez bien batido todo junto lo colocaremos en un molde-tartera, previamente engrasado con la manteca de vaca, y lo meteremos en el horno hasta que se haga.

La desmoldaremos en frío y con cuidado de no romperla.

326. Cuajado de Ugijar

Ingredientes para 4 personas:

1 docena de huevos
500 gramos de azúcar
400 gramos de almendras molidas
1 limón.

Ingredientes para la pasta:

1/2 vaso de agua de vino dulce
Harina suficiente para hacer una masa
1/2 tazón de desayuno de aceite fino.

Prepararemos primero una pasta quebrada para forrar el molde, que debe ser grande y más bien bajo. Esta pasta la haremos así:

Mezclaremos el aceite con el vino y le echaremos, poco a poco, harina hasta lograr un pasta que no se pegue a las manos.

Untaremos el molde con grasa. Extenderemos en él la masa del grueso de medio centímetro, forrando con ella el interior del molde preparado.

Batiremos los huevos (reservando cuatro claras) con el azúcar y las almendras molidas y echando todo al molde preparado, y alisando la superficie. Lo meteremos en el horno hasta que esté cuajado.

Pincharemos con una aguja de hacer punto y, si sale limpia, retiraremos el molde del horno.

Batiremos las claras con un poco de zumo de limón y cuatro cucharadas grandes de azúcar, y hecho un merengue cubriremos con él el cuajado y lo volveremos a meter al horno hasta que se dore su superficie.

327. Roscos de Montefrío

Ingredientes para 4 personas:

40 gramos de manteca de cerdo
800 gramos de harina
1 cucharilla de café de canela en polvo
1 clara de huevo
200 gramos de azúcar
6 yemas de huevo.

Trabajaremos bien la manteca con las yemas, echaremos el azúcar y, bien trabajada, incorporaremos la harina hasta lograr una masa.

Prepararemos los roscos y los pondremos en una lata de horno aceitada. Barnizaremos la parte de arriba con clara de huevo, y la espolvorearemos con canela. Los meteremos al horno hasta que estén dorados.

328. Roscos de buen paladar

Ingredientes para 4 personas:

1 /2 kilo de manteca de cerdo
1 /2 kilo de azúcar
4 huevos
La harina que admita para amasar
3 cascarones vacíos de huevo de vino blanco
Una pizca de clavillo
La ralladura de la piel de 2 limones.

En una fuente honda batiremos la manteca hasta ponerla espumosa, y le iremos agregando el azúcar molido y los huevos, las ralladuras de los limones, el vino y los clavillos, mezclaremos todo y le agregaremos harina hasta hacer una masa compacta que se pueda trabajar. Tomando trozos de masa formaremos unos roscos que pondremos sobre una lata engrasada, y barnizaremos con huevos batidos, y espolvorearemos con azúcar. Los coceremos al horno hasta que estén dorados.

Estos roscos son típicos de la fiesta de Navidad en Olula del Río.

329. Roscón de Almería

Ingredientes para 4 personas:

300 gramos de harina
125 gramos de azúcar
1 tacita de aceite

En la leche templada desharemos la levadura con un pellizco de sal. Colocaremos la harina sobre la mesa, formando un hueco en el centro, y en él, echaremos el huevo, el azúcar, el anís, el aceite y la leche con la levadura, mezclando y ama-

1 copa de licor de anís
1 huevo
1 vaso de agua de leche
25 gramos de levadura prensada
Sal.

sando todo bien, dejando reposar la masa un cuarto de hora en lugar templado y tapada con un paño.

Pasado dicho tiempo, la amasaremos otro poco, estirándola y formando un rollo que cerraremos uniendo los extremos y formando así el roscón, que espolvorearemos con azúcar poniéndolo en una placa untada de aceite o mantequilla, y haciéndolas al horno, con calor moderado hasta que se dore.

El roscón se desmoldará ya frío.

330. Rosco de San Antonio

(Típico del día de San Antonio.)

Ingredientes para 4 personas:

1 huevo
Harina sufiente para hacer la masa
1 /2 cucharilla de café de bicarbonato
5 cucharadas soperas de azúcar
5 cucharadas soperas de aceite fino
5 cucharadas soperas de leche
Agua
1 cucharilla de café de canela en polvo.

Batiremos el huevo, agregándole el azúcar, la leche y el aceite, además de la media cucharilla de bicarbonato. Añadiremos harina hasta poderlo amasar bien con las manos, formando el rosco.

Pondremos una cacerola con agua al fuego, y echaremos en ella el rosco y, cuando suba a la superficie es porque ya se ha cocido; retirado le haremos una cortadura alrededor de todo el rosco y otras cruzando éstas, después lo freiremos en el aceite no muy fuerte, y cuando esté dorado, lo espolvorearemos con azúcar y canela.

331. Mantecadas de Antequera

Ingredientes para 4 personas:

500 gramos de harina
400 gramos de manteca de cerdo
1 limón
1 cucharilla de café de canela en polvo
2 cucharillas de café de azúcar fino o glas.

Pondremos, en una mesa de mármol, el azúcar, la manteca de cedro, y unas gotas de limón. Uniremos y trabajaremos todo junto, mezclando la harina y siguiendo amasando con las manos. Procuraremos que nos quede una pasta fina. La extenderemos con un rodillo dejándola del espesor de unos 6 milímetros, aproximadamente. Cortaremos los mantecados, con un molde ovalado o redondo de 4 a 6 centímetros y, antes de cocerlos, les haremos un agujero en el centro.

Los coceremos a horno muy moderado y sin que lleguen a tomar color, pues si los cociéramos a horno fuerte no se podrían comer, ya que quedarían muy duros. Una vez fuera del horno los espolvorearemos con el azúcar fino y la canela antes de servirlos a la mesa.

332. Mantecadas de aceite

Ingredientes para 4 personas:

2 huevos
8 cucharadas soperas de azúcar
8 cucharadas soperas de aceite
8 cucharadas soperas llenas de harina
1 /2 cucharilla de café de levadura en polvo.

Batiremos los huevos con el azúcar, y después le añadiremos el aceite, mezclando todo bien y agregando a continuación la harina mezclada con la levadura en polvo. Una vez todo bien unido, verteremos el preparado en moldes de papel, cociéndolas a horno fuerte.

333. Mantecadas de almendra

Ingredientes para 4 personas:

350 gramos de manteca de cerdo
1 cucharada sopera de canela en polvo
500 gramos de azúcar
250 gramos de almendras tostadas
750 gramos de harina.

En una placa, o sartén al fuego, tostaremos la harina a fuego lento, moviéndola sin parar con la cuchara. Tostaremos ligeramente al horno las almendras y las moleremos en la máquina (después de tostadas) hasta convertirlas en polvo fino.

Cuando la harina obtenga un color ligeramente tostado, la mezclaremos con la almendra, dejándolo enfriar. Batiremos la manteca hasta que se ponga muy espumosa y, entonces, le agregaremos el azúcar molido en polvo fino y la canela.

Cuando hayamos batido un poco más el conjunto le iremos echando la harina mezclada con la almendra poco a poco, hasta incorporarla toda, nos ha de quedar una masa muy suelta.

Extenderemos esta masa, dejándola de un dedo de grueso, y cortaremos con un cortapastas los mantecados, que colocaremos en una placa que meteremos a secar al horno, que estará más bien flojo. No tomarán un color muy dorado.

Al sacarlos, los dejaremos enfriar, envolviéndolos en papel de seda.

334. Potaje de castañas pilongas

Ingredientes para 4 personas:

1 kilo de castañas
1 rama de canela
250 gramos de azúcar
Agua.

Después de bien lavadas las castañas (estarán a remojo desde la víspera), las echaremos en un puchero, cubriéndolas de agua y poniéndolas al fuego, a los 10 minutos echaremos el azúcar y la canela en rama. Lo dejaremos cocer despacio hasta que estén tiernas; ya en su punto las apartaremos del fuego y las dejaremos enfriar antes de servirlas.

335. Sopa de almendras de Ronda

Ingredientes para 4 personas:
400 gramos de almendras tostadas
50 gramos de azúcar
8 rebanadas de pan cortadas muy finas
1 palo de canela
1 corteza de limón
Agua.

Majaremos en el mortero las almendras mezclándoles el azúcar, y añadiendo litro y medio de agua, removiéndolo bien le adicionaremos la canela y el limón. Pondremos todo a hervir y después de una cocción rápida de 5 minutos añadiremos las sopas de pan. Lo dejaremos cocer hasta que el pan quede deshecho.

Si deseamos, a la hora de servirlas, les podemos poner más azúcar, según el gusto de cada cual.

336. Cazuela de San Juan

Ingredientes para 4 personas:
1 calabaza grande
400 gramos de miga de pan rallada
400 gramos de almendras tostadas y molidas
1 /2 cucharilla de café de canela en polvo
25 gramos de ajonjolí
3 huevos
50 gramos de avellanas tostadas
1 1/2 kilo de azúcar
1 /4 de litro de aceite
1 clavillo
25 gramos de matalahuga
agua.

Pelaremos la calabaza partiéndola en trozos grandes, y poniéndolos a cocer cubiertos de agua fría y, una vez que estén tiernos los colocaremos en un cedazo, dejándolos escurrir toda la noche. Al día siguiente pesaremos 1 kilo de esta masa dejándola en un barreño. La amasaremos bien agregando el azúcar, las almendras, avellanas tostadas y molidas, la canela y el clavillo machacado, el aceite muy fino y por último los tres huevos batidos.

Mezclaremos todo bien poniéndolo en un molde untado de grasa, y espolvoreándolo con el ajonjolí y la matalahuga lo meteremos en el horno que debe estar muy fuerte.

Cuando al clavar una aguja de hacer punto ésta entre bien y salga limpia es señal de que está en su punto. Lo retiraremos del horno desmoldándolo en frío.

337. Pastelillos de crema

Ingredientes para 4 personas:
Para la masa:
1 /4 de kilo de masa de pan [1]
1 vasito de vino de zumo de naranja agria
1 cucharada sopera de manteca de cerdo

Pondremos en un recipiente hondo la masa y le uniremos la manteca y el zumo de naranja, amasando bien. Esta masa se soba perfectamente y, cuando esté suave, la estiraremos con el rodillo hasta dejarla del grueso de una moneda de 5 pesetas, cortándola con el molde de los redondeles. Tendremos pre-

[1] Generalmente esta masa la venden en los hornos o panaderías.

1 litro o menos de aceite para freír los pastelillos.

Para el relleno:
1 /4 de litro de leche
2 cucharadas soperas de harina
1 huevo
200 gramos de azúcar
2 cucharadas soperas de azúcar unidas a dos cucharadas soperas de canela en polvo.

parado de antemano el relleno para que así esté frío. Haremos unas poleadas (gachas) con la harina, leche y azúcar, cuando estén espesas las apartaremos y se le echa el huevo batido, mezclándolo sobre fuego muy bajo, y echándolo en un plato para que se enfríe.

Con una cucharilla tomaremos porciones de este relleno y las colocaremos en el centro de los redondeles de masa, tapando cada uno con otro, apretaremos alrededor para que se una bien la masa. Los freiremos en aceite muy caliente, puesto al fuego en una sartén.

Los retiraremos ya dorados espolvoreándolos de azúcar y canela molida.

338. Polvorones sevillanos

Ingredientes para 4 personas:
750 gramos de harina
375 gramos de manteca de cerdo
150 gramos de azúcar
1 copa de licor llena de aguardiente
2 cucharadas soperas llenas de canela en polvo
Azúcar fino para espolvorearlos.

Tostaremos muy ligeramente la harina en el horno, moviéndola de vez en cuando para que no se queme y se tueste por un igual. Una vez logrado esto, la dejaremos enfriar. Batiremos la manteca con el azúcar hasta que se ponga espumosa y le añadiremos el aguardiente y la canela, y poco a poco, la harina.

Amasaremos con las manos, dejando reposar la pasta durante 20 minutos. Pondremos la pasta sobre la mesa, extendiéndola hasta dejarla del grueso de un centímetro, y cortando los polvorones con un vasito pequeño o cortapastas ovalado, y poniendo éstos sobre una placa de horno espolvoreada de harina. Coceremos los polvorones a horno muy caliente durante 10 minutos. Cuando estén dorados y se deshagan al apretarlos, los retiraremos de la placa espolvoreándolos de azúcar fino, y envolviéndolos en papel de seda.

339. Pestiños

Ingredientes para 4 personas:
300 gramos de harina
1 /2 litro de aceite de muy buena calidad

Pondremos en una vasija la harina añadiéndole el aceite, una pizca de sal, el jerez, el huevo, dos cucharadas de miel y los anises machacados. Mezclaremos bien hasta obtener una masa compacta, que retiraremos con un rodillo dándole el

2 copitas de las de licor llenas de vino de jerez
4 ó 5 anises machacados
50 gramos de miel
1 huevo
250 gramos de azúcar glas
Sal
4 cucharadas soperas de agua.

grueso de 1 ó 2 centímetros. Cortaremos los pestiños en forma alargada y los freiremos en una sartén con el aceite, escurriéndolos perfectamente una vez doraditos por ambos lados.

Pondremos a hervir el resto de la miel con las cuatro cucharadas de agua, cociéndola durante 10 minutos. Ya fuera del fuego, impregnaremos los pestiños en ella, dejándolos escurrir encima de un tamiz y procurando que queden bien cubiertos de una capa de miel (la cual si nos queda demasiado clara la herviremos un poco más). Por último, espolvorearemos los pestiños con azúcar glas y los serviremos.

NOTA: Los pestiños no siempre llevan miel, en muchos casos bastará con freírlos y cubrirlos después de azúcar y canela en polvo.

340. Yemas de San Leandro

Ingredientes para 4 personas:
600 gramos de yemas de huevo completamente desprovistas de claras
2 litros de almíbar concentrado a 33°
1 limón.

Pasaremos las yemas por un colador chino para quitarles toda partícula que pueda estorbar su fluidez (conviene calentar previamente el colador sumergiéndolo en agua hirviendo y dejándolo secar cerca del calor del fuego).

Después de pasadas las yemas, prepararemos un jarabe o almíbar con un kilo de azúcar y medio litro de agua, echándole los restos de yema que quedaron en el colador para clarificarlas.

Cuando alcance 33°, echaremos las yemas en el embudo de cinco pitorritos (especial para hacer los huevos hilados) y lo colocaremos encima del almíbar dejándole caer los hilos de yema sobre éste, que no debe parar de hervir lentamente. Cuando hayamos vertido toda la yema tomaremos los hilos con una espumadera y los colocaremos en un enrejado para escurrirlos.

Cuando hayan escurrido un poco (deben conservar algo de humedad) tomaremos pequeñas porciones y formaremos las yemas dándoles forma cónica y, dejándolas enfriar un poco, las pasaremos por el fondant dejándolas secar.

Cuando estén secas las envolveremos en papel picoteado.

El fondant lo haremos con el almíbar sobrante de hervir

las yemas, pasado por el colador para que no tenga migas y al cual se agregan unas gotas de limón, y cuando tenga 33° se separa del fuego y se bate con la espátula, echándolo sobre el mármol y siguiendo batiendo hasta que esté blanco y consistente, entonces lo amasaremos con las manos mojadas en agua fría.

Cuando esté hecho una pasta muy fina y blanca la pondremos en un cazo de porcelana y éste al baño María en agua hirviendo, adicionando al fondant un par de cucharillas de agua caliente y cuando esté fluido bañaremos las yemas en él una a una, dejándolas sobre el mármol para que se sequen.

Ya secas se envuelven en el papel.

NOTA: Esta receta no es fácil de hacer, requiere ciertos conocimientos básicos de cocina para lograr éxitos en su realización.

341. Piononos de Santa Fe

Ingredientes para 4 personas:

1 docena de yemas
400 gramos de almidón
1/2 litro de leche
50 gramos de harina
1 1/2 docenas de claras
1/2 kilo de azúcar
1 copa de licor de ron
4 huevos
1 limón
2 cucharadas soperas de canela en polvo
Agua.

Empezaremos por preparar la crema del relleno para que así se vaya enfriando.

Pondremos a hervir la leche con una corteza de limón y los 100 gramos de azúcar. Cuando rompa a hervir le añadiremos la harina mezclada con cuatro yemas, templándolo antes con un poco de leche caliente, y lo dejaremos hervir 3 minutos, vertiéndolo seguidamente en un plato.

En un pote o cazo batiremos las ocho yemas con 250 gramos de azúcar hasta hacerlas esponjar bastante, agregándole a intervalos un poco de leche, según vayan tomando consistencia, este pote o cazo lo pondremos sobre el fuego para que se temple el batido y esponje así mejor.

Cuando consideremos que están muy batidas agregaremos el almidón, mezclándolo todo con la espátula y, a continuación, adicionaremos una docena de claras batidas a punto de nieve o merengue.

Bien mezclado con la espátula lo extenderemos en capas de medio centímetro de espesor en planchas forradas de papel de barba, y lo coceremos a horno moderado.

Cuando hayan subido las retiraremos del horno y las levantaremos con cuidado del papel, dejándolas enfriar un poco y barnizándolas con un pincel mojado en un almíbar hecho con 150 gramos de azúcar, medio decilitro de agua y la copa de ron. Ya bañadas les extenderemos por encima una capa de crema y las espolvorearemos de canela en polvo, cortándolas en tiras de dos dedos de ancho y enrollándolas, se colocan de pie sobre una placa pastelera. Sobre cada rollo pondremos un poco de crema extendida, y espolvorearemos de azúcar tostando su superficie con el calor alto del horno o bien con una chapa especial caliente al rojo vivo.

342. Dulce de cidra

(Típico para bodas en algunos pueblos de la provincia)

Ingredientes para 6-8 personas:

1 cidra de buen tamaño
Azúcar en igual peso
Agua.

Descortezaremos una cidra de buen tamaño y la partiremos en trozos quitándole las pipas. La parte carnosa la pesaremos y prepararemos el mismo peso en azúcar.

Pondremos este azúcar en un perol de cobre, cubriéndolo de agua y dejándolo hervir. Cuando empiece el hervor, lo espumaremos perfectamente y, ya limpio el almíbar, le echaremos la pulpa de cidra, preparada en trozos pequeños. Cocerá ahora despacio hasta que veamos la fruta muy cocida.

343. Flan de arroz con leche

Ingredientes para 4 personas:

1 taza de desayuno de arroz
2 tazas de desayuno de leche
1 cucharilla de café de canela en polvo
150 gramos de azúcar
1 limón
2 cucharadas soperas de azúcar
2 huevos
1/2 taza de desayuno de agua
2 claras de huevo.

Pondremos a hervir el arroz con la leche y un poquito de agua en una cacerola al fuego añadiéndole la ralladura de la piel del limón y los 150 gramos de azúcar. Cuando el arroz esté cocido lo apartaremos del fuego dejandolo enfriar, y agregándole los huevos y las otras dos cucharadas de azúcar, mezclando bien y echándolo en un flanero previamentte acaramelado. Lo coceremos al baño María y cuando esté cuajado lo retiraremos del fuego y que se enfríe un poco antes de desmoldarlo.

Ya en la fuente lo adornaremos con las claras batidas, canela y azúcar.

344. Mostachones de Utrera

Ingredientes para 4 personas:
5 huevos batidos con 250 gramos de azúcar (se ha de templar un poco al fuego)
325 gramos de harina (con un poco de canela en polvo)
30 gramos de jarabe o almíbar de frutas.

Los mostachones son una especialidad de Utrera, aunque se comen en toda Andalucía y a los que se da, corrientemente, la forma de S. En defnitiva, no es otra cosa que un bizcocho.

Mezclaremos la harina con la canela, y le echaremos el jarabe o almíbar de frutas. Lo pondremos en una manga y sacaremos la mezcla en forma de S sobre latas engrasadas que cocerán a horno templado, hasta que estén hechos.

345. Bizcocho flamenco

Ingredientes para 4 personas:
250 gramos de harina
250 gramos de azúcar
125 gramos de mantequilla
4 huevos
1/2 vaso de agua escaso de leche
Sal
1/2 cucharilla de café de vainilla.

En un recipiente de barro mezclaremos bien la leche, el azúcar y la sal, añadiremos los huevos enteros y luego, alternativamente, una cucharada de harina y una cucharada de mantequilla reblandecida, hasta terminar estos ingredientes. Trabajaremos bien esta pasta. Agregaremos después la vainilla y la levadura y colocaremos la pasta en un molde untado con mantequilla.

Cocerá en el horno, a temperatura media, durante 30-35 minutos.

346. Albaricoque atropellado

Ingredientes para 4 personas:
1 kilo de albaricoques
1 kilo de azúcar.

Lavaremos bien los albaricoques cortándolos después en trocitos y sacándoles el hueso. Seguidamente pondremos en un barreño, una capa de los trocitos de albaricoques, después otra de azúcar y así sucesivamente hasta terminar con una de azúcar. Dejaremos en maceración durante 24 horas. Transcurridas éstas los colocaremos sobre el fuego a cocer suavemente hasta que el azúcar se deshaga y después a fuego más vivo, siempre sin dejar de revolver. Han de hervir durante 25 minutos, espumándolo con frecuencia y dejándolo completamente limpio.

347. Buñuelos de viento

Ingredientes para 4 personas:

75 gramos de harina
2 huevos
1 decilitro de leche
1/2 decilitro de agua
25 gramos de mantequilla
25 gramos de azúcar
3 gramos de sal
Una cucharada sopera de coñac o ron
La cáscara de 1 limón
1/2 cucharilla de café de levadura en polvo
1/2 litro de aceite
3 cucharadas soperas de azúcar fino.

Echaremos en un cazo la leche, el agua, la mantequilla, la sal, el azúcar y el coñac, agregándole a esto una buena cáscara de la piel del limón. Lo pondremos al fuego, y cuando rompa a hervir le echaremos de golpe la harina, removiendo con la espátula hasta que la masa se despegue de las paredes del cazo y se apelotone en la espátula, en ese punto lo retiraremos del fuego dejándolo enfriar.

Una vez fría la masa, le agregaremos uno de los huevos, trabajando con la espátula y cuando lo absorba la masa le echaremos el otro de igual forma. Una vez incorporados los huevos le adicionaremos la media cucharilla de levadura, mezclando bien, formaremos los buñuelos tomando una bolita de pasta del tamaño de una nuez muy pequeña, que pasaremos a otra cuchara y redondeándola la dejaremos caer en la sartén con abundante aceite no muy caliente (no deben echarse más de cuatro o cinco). Cuando hayan aumentado el doble y den la vuelta ellos solos subiremos un poco más el fuego para que tomen un bonito color dorado. Bien escurridos los retiraremos y pondremos en un escurridor de fritos, para que suelten un poco la grasa. Los serviremos espolvoreados de azúcar fino.

348. Bocaditos de monja

Ingredientes para 4 personas:

300 gramos de almendras
3 huevos
300 gramos de azúcar
La ralladura de la piel de 1 limón
200 gramos de azúcar glas
Agua.

Prepararemos las almendras escaldándolas con agua hirviendo y quitándolas la piel.

Las secaremos con un paño, poniéndolas en una placa en la entrada del horno caliente para que queden completamente secas, echándolas al mortero y machacándolas, poco a poco, hasta hacer una pasta fina y, cuando todas estén machacadas, las uniremos con la ralladura de la piel del limón. Pondremos toda la pasta hecha una bola, en un cazo, añadiéndole dos vasos de agua y que hierva ahora durante 5 minutos.

Pasado este tiempo, pasaremos la pasta por una servilleta sin exprimirla, y dejando que vaya pasando toda el agua y quede la almendra lo más seca posible.

Una vez frío le agregaremos tres yemas de huevo, amasando con una cucharada y reservándolo.

Con el agua lechosa de haber cocido las almendras y 300 gramos de azúcar prepararemos un almíbar a punto de hebra fuerte.

Seguidamente iremos echando cucharadas de este almíbar, sobre la pasta de las almendras, hasta que se haga una pasta que se pueda modelar.

Volveremos a dejar enfriar la masa, y ya fría, tomaremos pequeñas porciones y las echaremos sobre un plato que contenga un poco de azúcar glas, moldeando pequeñas bolas que se van poniendo en cápsulas de papel, y ya están los bocaditos listos para saborearlos.

349. Borrachos o borrachuelos sevillanos

Ingredientes para 4 personas:

4 huevos
2 cucharadas soperas de harina
1 cucharada sopera de levadura en polvo
1/4 de litro de jerez
8 cucharadas soperas de almendras molidas
200 gramos de azúcar
Un poco de mantequilla para engrasar.

Batiremos las cuatro claras a punto de nieve y cuando estén bien subidas les añadiremos cuatro cucharadas de azúcar, siguiendo batiendo hasta mezclarlo y agregando ahora las yemas de los huevos sin dejar de batir, a continuación introduciremos en la masa las dos cucharadas de harina y la cucharada de levadura en polvo. Cuando esté todo bien ligado adicionaremos la almendra y dos cucharadas del jerez. Removeremos todo y lo verteremos en un molde alargado untado de mantequilla. Lo coceremos a horno fuerte (sin quemar) durante media hora, aproximadamente. Comprobaremos que está cocido cuando al pincharlo sale la aguja limpia. Si vemos que se tuesta demasiado rápidamente lo cubriremos con un papel engrasado con mantequilla o papel de aluminio. El resto del jerez lo echaremos a un pote y pondremos éste al fuego con cuatro cucharadas de azúcar.

Cuando el bizcocho esté cocido y retirado del horno, lo dejaremos enfriar dentro del mismo molde. Ya frío lo volcaremos sobre la mesa (si ofrece resistencia le daremos unos golpes al fondo del molde, o bien, con el cuchillo le ahuecaremos los bordes).

Cortaremos en cuadrados pequeños el bizcocho, colocándolos en moldes de papel, y emborrachándolos con el jerez caliente (el jerez lo pondremos con una cuchara).

350. Brazo de gitano

Ingredientes para 3 personas:

4 huevos
6 cucharadas soperas llenas de azúcar
3 cucharadas soperas llenas de harina
Crema «chantilly» o mermelada para el relleno
2 cucharadas soperas de azúcar glas.

Separaremos las yemas de las claras de los huevos y batiremos fuertemente las yemas; aparte batiremos las claras, uniendo ambas cosas con el azúcar y la harina, y trabajando todo mucho para que se una perfectamente.

Extenderemos una hoja de papel de barba, más larga que ancha, y la espolvorearemos de harina echando en ella el batido anterior y metiéndolo al horno (que estará regular de fuerte). Cuando el bizcocho ya se haya cocido, le quitaremos el papel y volveremos el bizcocho del revés poniéndole encima otro papel de barba y enrollándolo cuando el bizcocho esté todavía caliente para que tome forma, y teniéndolo así, durante unos 10 minutos; pasados los cuales quitaremos el papel, untaremos por la parte que tuvo éste, mermelada o «chantilly» y lo volveremos a enrollar, espolvoreándolo por encima con el azúcar glas. Puede rellenarse también con crema o con chocolate.

351. Bollos de manteca

(Receta típica de Montefrío)

Ingredientes para 6-8 personas:

1 kilo de mantequilla
1/2 kilo de azúcar
1 kilo de masa de pan [1]
50 gramos de canela en polvo.

Picaremos en la máquina la mantequilla en rama, después la extenderemos en la mesa. Uniremos parte de mantequilla y masa de pan con la palma de la mano, poniendo una capa de mantequilla picada y doblando la masa, volveremos a extender y pondremos otra capa de mantequilla. Esta operación la repetiremos tres veces. Después formaremos un rollo con la masa que dejaremos reposar unos 15 minutos. Reposada la masa la cortaremos en trozos que aplastaremos en forma de torta, doblaremos los bordes poniéndoles dentro una cucharada de azúcar y canela mezclados y coceremos los bollos al horno, hasta que tengan un bonito color dorado.

[1] Puede adquirirse en los hornos o panaderías.

352. Retorcidos de hojaldre

Ingredientes para 6 personas:
1 1/2 kilo de masa de pan [1]
250 gramos de azúcar
400 gramos de manteca en rama picada
50 gramos de canela en polvo.

Extenderemos la masa de pan en el mármol y la estiraremos con el rodillo en todas las direcciones, poniendo una capa de la manteca y doblándola en cuatro dobleces, volveremos a estirar la masa y volveremos a poner otra capa de manteca. Repetiremos esta operación tres veces.

La última vez se hace un rollo con la masa que cortaremos en trocitos pequeños que se retuercen, poniéndoles encima azúcar y canela, y cociéndolos al horno hasta que suban y estén dorados.

[1] Puede adquirirse en los hornos o panaderías.
Receta muy similar a la de «Bollos de manteca».

353. Almuabanas andaluzas

Ingredientes para 4 personas:
250 gramos de harina
75 gramos de azúcar
40 gramos de queso rallado
2 huevos
4 cucharadas soperas de azúcar glas
1/2 litro o menos de aceite
1 vasito de vino de leche (eventual).

Con la harina, los huevos, el queso y los 75 gramos de azúcar prepararemos una masa a la cual podemos añadir un vaso de leche en caso de quedar algo dura. La amasaremos bien y cuando quede una pasta fina iremos tomando de ella pequeñas porciones, que freiremos en abundante aceite caliente; bien escurridas, las espolvorearemos con azúcar glas y las serviremos.

Este postre, que procede de la cocina árabe, como otros muchos postres andaluces, se prepara de diferentes formas. En algunos sitios se ponen frutas secas molidas en vez de queso rallado.

354. Florones

Ingredientes para 4 personas:
1 vaso de agua lleno de leche
125 gramos de harina
Un pellizco de sal

Batiremos bien los huevos, agregándoles la harina, la sal y 125 gramos de azúcar, batiéndolo bien para que la pasta no forme grumos. Bien mezclado todo le agregaremos la leche, poco a poco, y sin cesar de revolver. Incorporada toda la leche

125 gramos de azúcar
1 /2 litro o menos de aceite
6 cucharadas soperas de azúcar glas.

ya podemos freír los florones. Estos los prepararemos con un molde especial.

Pondremos un cazo al fuego, con abundante aceite y, cuando esté caliente sumergiremos en él el molde hasta calentarlo, inmediatamente lo meteremos en el anterior preparado de masa, cuidando de no sumergirlo del todo y rápidamente volveremos a meterlo en el aceite. Al momento la pasta se desprende del molde. Cuando tome color dorado, retirarlo del aceite, bien escurrido, y así procederemos hasta terminar con toda la masa o pasta. Una vez fritos los espolvorearemos con azúcar glas.

NOTA: La cantidad de harina no podemos precisarla exactamente, ya que esto dependerá de la calidad de esta y del tamaño de los huevos. Si al introducir el molde en la masa ésta no se agarra al molde es que está demasiado espesa, y si al meterlo en el aceite la pasta se deshace, es que está demasiado clara y debe aumentarse la cantidad de harina.

355. Piñonate andaluz

Ingredientes para 6 personas:

3 docenas de huevos
1 /4 kilo de miel
50 gramos de ajonjolí tostado
Harina la que admita
1 /2 litro de aceite
1 vaso de agua de vino dulce
25 gramos de canela en polvo
150 gramos de piñones
1 /2 kilo de almendras peladas y fritas.

Batiremos los huevos por espacio de unos minutos y les echaremos la harina (cuando no podamos batir más lo amasaremos con las manos), añadiéndole medio cascarón de huevo lleno de aceite.

Cuando la masa esté como la del pan, prepararemos unas tortitas con un poco de masa que cortaremos del tamaño de nueces, friéndolas en abundante aceite caliente.

Cuando la masa esté frita, la echaremos en un cazo y le añadiremos los piñones, la canela y el ajonjolí, ligeramente tostados, y dos cucharadas de harina. En un puchero al fuego pondremos a hervir la miel, hervirá hasta que, al echar un poquito en un plato con agua fría pueda formarse una bola blanda, esto querrá decirnos que está en su punto.

Mezclaremos los ingredientes del cazo con la miel, revolviendo con dos platos el conjunto; bien mezclado todo nos mojaremos las manos en el vino, haciendo con ellas unas formas como de piñas. Antes de que la masa se enfríe la envolveremos en papel de seda.

356. Hornazos de Pascua

Ingredientes para 6 personas:

1 kilo de harina
80 gramos de levadura en polvo
6 huevos
La piel de 2 limones rallada
25 gramos de canela en polvo
3 cucharadas soperas de aceite de muy buena calidad
1/4 de litro de agua caliente
3/4 de kilo de azúcar
1/2 kilo de almendras peladas
1/2 cucharada sopera de sal.

Desleiremos en el agua la levadura y la sal, incorporando, poco a poco, la harina hasta hacer una masa muy dura.

Poco a poco iremos echando el aceite hasta obtener una masa muy blanda, suave y bien trabajada, entonces formaremos con ella unas tortas del tamaño de un plato o poco más, y de un centímetro de grueso, más o menos.

Con los dedos iremos levantando el borde alrededor, dándole forma de cazuela; en el centro pondremos una capa de almendras fritas, trituradas y mezclándolas con un poco de canela, rociaremos con los huevos batidos, poniendo también otra tanda de almendras, y así hasta repartir entre todos los hornazos; bien espolvoreados de azúcar los meteremos al horno, que debe estar moderado, hasta que los veamos dorados (de media hora a tres cuartos de hora).

Es un postre típico de Pascua de Resurrección, y que se hace, exclusivamente, en este periodo del año.

357. Pan kaiken

Ingredientes para 4 personas:

1 vasito de vino de coñac
1 cucharilla de café escasa de bicarbonato
3 huevos
50 gramos de pasas de Málaga
3 cucharadas de leche
3 cucharadas soperas de mantequilla
La ralladura de la piel de 1 limón
Harina, la que admita.

Pondremos los ingredientes en un bol o cacharro hondo mezclando bien y agregando harina, poco a poco, hasta formar una masa blanda, pero que no se pegue a los dedos. Añadiremos el bicarbonato y las pasas (sin rabo ni semillas), mezclando bien todo, haremos como un pan y lo meteremos en el horno, hasta que veamos que está hecho.

358. Crema al jerez

Ingredientes para 4 personas:

2 yemas de huevo
100 gramos de azúcar
1 paquetito de azúcar de vainilla
Agua

Batiremos las yemas junto con el azúcar y el paquete de azúcar de vainilla hasta lograr una masa muy unida, añadiremos el jerez y la gelatina (disuelta previamente en 5 cucharadas de agua caliente), y cuando ya esté fría, batiremos bien y lo dejaremos reposar, cuando empiece a estar algo sólido in-

1 /4 de litro de jerez dulce
6 hojas de gelatina
100 gramos de chocolate amargo
25 gramos de avellanas molidas
1 /4 de litro de nata montada
2 claras de huevo

Como adorno:
4 galletas de chocolate.

corporaremos el chocolate rallado, las avellanas y parte de la nata, junto con las claras de huevo batidas a punto de nieve.

Llenaremos unas copas con esta crema y las pondremos en frigorífico, adornándolas con el resto de la nata y las galletas de chocolate.

359. Gañotes de huevo

Ingredientes para 4 personas:

Generalmente se ponen 6 huevos y por cada huevo:
1 cucharada sopera de azúcar
1 cucharada sopera de licor de anís
1 /2 cascarón de huevo de aceite
Harina, la que admita.

Para el baño:
Miel cocida.

Mezclaremos los ingredientes y les añadiremos harina, poco a poco, para hacer la masa. Una vez hecha, prepararemos unos fideos que enrollaremos en un palo o caña, de unos quince centímetros de largo, dejando un poco de hueco entre una vuelta y otra.

En aceite caliente puesto al fuego en una sartén los freiremos un poco; cuando se pueda desprender el palo o caña lo retiraremos dejando dorar los gañotes.

Bien doraditos los retiraremos y bañaremos en un poco de miel cocida a punto de almíbar.

360. Hojuelas

(Postre típico de Carnaval)

Ingredientes para 6 personas:

1 docena de huevos
1 /8 de litro de agua
Miel o azúcar para emborrizarlas [1]
12 cucharadas soperas rasas de harina
1 /2 litro o más de aceite fino para freírlas.

Batiremos los huevos añadiéndoles el agua y mezclándoles, poco a poco, con la harina necesaria para que no se hagan grumos, pero resulte una masa bien unida.

Pondremos a calentar el aceite, y cuando esté fuerte, se calienta el molde, introduciéndolo en el aceite y en seguida se mete dentro de la pasta, procurando que ésta llegue hasta el borde, y se vuelve a introducir en la sartén. Al freírse se desprenden las hojuelas del molde y, muy doradas, se sacan. Fritas todas las bañaremos en miel puesta a calentar con un poco de agua, o bien, las espolvorearemos con azúcar.

[1] Según el diccionario: «Dar a los dulces un baño de almíbar o azúcar».

361. Suspiros de aceite

Ingredientes para 4 personas:

100 gramos de mantequilla
6 cucharadas soperas de aceite
200 gramos de azúcar
1 huevo
1 cucharilla de café de levadura en polvo
Harina, la que admita.

Mezclaremos la mantequilla blanda con el azúcar, después le agregaremos el aceite, el huevo sin batir, y por último, la harina necesaria para formar una pasta con la que se puedan hacer los suspiros. La levadura la mezclaremos con la harina. Una vez bien unidos todos los ingredientes, iremos tomando porciones de la masa del tamaño de una nuez, aproximadamente, y con las manos, haremos unas bolitas que aplastaremos ligeramente al meterlas en la placa del horno engrasada y espolvoreada con harina. Coceremos los suspiros a horno suave.

362. Perrunas
(Típicas de Nochebuena)

Ingredientes para 6 personas:

1 kilo de manteca
3/4 kilo de azúcar
El zumo de 1 naranja
La ralladura de la piel de 1 limón
La harina que admita para hacer una pasta dura.

En un bol o utensilio hondo pondremos la manteca, y batiremos bien, agregando el azúcar, la ralladura de la piel del limón y el zumo de la naranja.

Todo mezclado, con las manos iremos agregando harina hasta hacer una masa compacta, que extenderemos al grueso de un dedo.

Cortaremos las perrunas con un molde especial y las coceremos al horno.

363. Colación de piñoncillo

Ingredientes para 6 personas:

6 huevos
1 kilo de miel blanca
1/2 litro de aceite
Harina para hacer masa
6 cucharadas soperas de agua
100 gramos de ajonjolí.

Separaremos las yemas de las claras de los huevos batiendo las claras, y añadiéndolas las yemas y el agua, así como harina hasta lograr una masa. Con esta masa haremos unos piñoncitos que los pondremos en un cestillo de alambre y los introduciremos en una sartén al fuego con el aceite muy caliente, para que se fríen. Ya fritos, calcularemos por cada dos tazas de piñoncitos, una de miel. Pondremos la miel a calentar y, cuando ya tenga un poco de punto, le añadiremos los piñoncitos. Echaremos todo sobre el mármol, formando una torta de 2 centímetros de grueso.

Por encima pondremos una capa de ajonjolí tostado.

364. Higos en almíbar

Ingredientes para 4 personas:

1 kilo de higos verdes
1 1/4 kilos de azúcar
1 limón
1 litro de agua.

Para esta receta emplearemos higos que no estén completamente maduros. Los pincharemos por todos los lados con un alfiler y los iremos echando en una vasija con agua fría, donde permanecerán durante dos días, cambiándoles el agua cuatro veces. Transcurrido este tiempo, los pondremos en un cazo o puchero con agua fría, agregándoles trozos de cáscara de limón y dejándolos hervir durante 15 minutos; al cabo de los cuales los retiraremos a un recipiente con agua fría, dejándolos allí durante un día. Pasado el cual, los escurriremos y apretaremos ligeramente (cuidando de no romperlos) para que suelten todo el agua.

Con el azúcar y el litro de agua, haremos un almíbar a punto de hebra floja. Una vez frío el almíbar le agregaremos los higos y que cuezan durante 5 minutos. Transcurridos estos, retiraremos el utensilio del fuego y verteremos el contenido en una vasija de loza, dejándolo así durante 24 horas, al cabo de las cuales se vuelven higos y almíbar al utensilio y nuevamente se cuecen durante 5 minutos. Se retiran del fuego y se sacan en otra vasija hasta el día siguiente que, puestos en el utensilio, se les agrega el zumo del limón, y se dejan hervir hasta que adquieran un bonito color verde transparente y el almíbar esté a buen punto.

365. Almendrados al jerez

Ingredientes para 4 personas:

250 gramos de azúcar
300 gramos de almendras molidas
4 huevos
1 copa de licor de jerez
1 /2 cucharilla de café de canela en polvo
1 cucharilla de ralladura de piel de limón.

Batiremos las yemas de los huevos y les agregaremos la almendra, el jerez, la canela y el azúcar. Una vez bien mezclado todo, le incorporaremos las claras batidas a punto de nieve con la ralladura de limón. Este preparado lo extenderemos sobre una placa cubierta de obleas y lo coceremos a horno suave hasta que el almendrado se dore.

ÍNDICE DE RECETAS

CAPÍTULO I.—Salsas

CAPÍTULO II.—Caldos, sopas, cocidos y potajes

CAPÍTULO V.—**Varios**

CAPÍTULO VI.—**Arroz y pasta seca**

Págs.

CAPÍTULO VII.—**Huevos**

CAPÍTULO VIII.—**Pescado, marisco y bacalao**

CAPÍTULO X.—**Menudos**

CAPÍTULO XI.—**Aves y caza**

Págs.